Enuo Wang

ERFOLG IN DER CHINESISCH-DEUTSCHEN WIRTSCHAFTSKOMMUNIKATION

Erwerb von Chinakompetenz und Deutschlandkompetenz

Chinesische Perspektiven

Ökonomie

Band 3

Enuo Wang

ERFOLG IN DER CHINESISCH-DEUTSCHEN WIRTSCHAFTSKOMMUNIKATION

Erwerb von Chinakompetenz und Deutschlandkompetenz

Bibliografische Information der Deutschen Nationalbibliothek

Die Deutsche Nationalbibliothek verzeichnet diese Publikation in der Deutschen Nationalbibliografie; detaillierte bibliografische Daten sind im Internet über http://dnb.d-nb.de abrufbar.

Bibliographic information published by the Deutsche Nationalbibliothek

Die Deutsche Nationalbibliothek lists this publication in the Deutsche Nationalbibliografie; detailed bibliographic data are available in the Internet at http://dnb.d-nb.de.

Cover: Illustration 110270971 © Tashatuvango | Dreamstime.com

ISBN-13: 978-3-8382-1713-0
© *ibidem*-Verlag, Stuttgart 2022
Alle Rechte vorbehalten

Das Werk einschließlich aller seiner Teile ist urheberrechtlich geschützt. Jede Verwertung außerhalb der engen Grenzen des Urheberrechtsgesetzes ist ohne Zustimmung des Verlages unzulässig und strafbar. Dies gilt insbesondere für Vervielfältigungen,
Übersetzungen, Mikroverfilmungen und elektronische Speicherformen sowie die Einspeicherung und Verarbeitung in elektronischen Systemen.

All rights reserved. No part of this publication may be reproduced, stored in or introduced into a retrieval system, or transmitted, in any form, or by any means (electronical, mechanical, photocopying, recording or otherwise) without the prior written permission of the publisher. Any person who does any unauthorized act in relation to this publication may be liable to criminal prosecution and civil claims for damages.

Printed in the EU

Inhalt

Vorwort 9
    Flexibilität 9
    Hierarchie 11

Danksagung 13

I   Theoretischer Teil

Kapitel 1: Kultur 17
    Text 1: Kulturbegriff und Kulturdimensionen 17
    Text 2: Kulturkonzepte in der internationalen Managementliteratur 20
    Text 3: Methodologische Überlegungen 21
    Weiterführende Literatur 23
    Aufgaben 24

Kapitel 2: Vorurteile und Stereotype 25
    Text 1: Pauschalurteile über Deutsche und Chinesen 25
    Text 2: Umgang mit dem Anderen 27
    Text 3: Fremdeinschätzung 28
    Weiterführende Literatur 29
    Aufgaben 30

Kapitel 3: Kommunikation 33
    Text 1: Sprache als Mittel des Informationsaustauschs 33
    Text 2: Kommunikationsbegriff und „Organon-Modell" nach Bühler 35
    Text 3: Vier-Ohren-Modell 37
    Weiterführende Literatur 39
    Aufgaben 39

Kapitel 4: Kulturschock 41
    Text 1: Die Phasen des Kulturschocks 41
    Text 2: China-Kompetenz 45
    Text 3: Deutschland-Kompetenz 47
    Weiterführende Literatur 50
    Aufgaben 50

Kapitel 5: Interkulturelle Kompetenz **53**
    Text 1: Fachkompetenz 54
    Text 2: Methodenkompetenz 55
    Text 3: Persönlichkeit und Sozialkompetenz 56
    Weiterführende Literatur 59
    Aufgaben 61

Kapitel 6: Interkulturelles Training und Interkulturelles Lernen **63**
    Text 1: Forschungsstand zu IKT und IKL 64
    Text 2: Der Forschungsgegenstand IKT und IKL 65
    Text 3: Formen des IKT 68
    Weiterführende Literatur 72
    Aufgaben 74

II   Trainingseinheit

Kapitel 7: Sach- oder Beziehungsorientierung **79**
    Beispiel 1: Geschäftsverhandlungen 79
    Beispiel 2: Keine Einladung zum Abendessen als Gegenleistung, richtig? 81
    Beispiel 3: Innerer Kreis und äußerer Kreis 83
    Zusammenfassung 84
    Beispielanalyse 85
    Weiterführende Literatur 85

Kapitel 8: Direktheit und Indirektheit **87**
    Beispiel 1: Warum immer „Ja, gut" gesagt und nicht diskutiert wird 87
    Beispiel 2: Die Chinesen kommunizieren immer offener 89
    Beispiel 2: Bescheidenheit und Höflichkeit lernen 91
    Beispiel 3: Nächstes Mal bitte keine Geschenke 92
    Zusammenfassung 94
    Beispielanalyse 95

Kapitel 9: Hierarchie und Gesellschaftsordnung **97**
    Beispiel 1: Dialog über das Konzept der Hierarchie in der chinesischen und
    deutschen Geschäftskommunikation 97
    Beispiel 2: Respekt und Ehrfurcht 99
    Beispiel 3: Sitzordnung und Arbeitsatmosphäre 102

Zusammenfassung 104

Beispielanalyse 107

Kapitel 10: Regeln und Flexibilität 109

Beispiel 1: Wie lange dauert der Transport 109

Beispiel 2: Krankenversicherungen kaufen oder nicht 110

Beispiel 3: „Teetasse ohne Henkel" 112

Zusammenfassung 114

Beispielanalyse 114

Vorwort

Im Jahr 2021 veröffentlichte der Springer Gabler-Verlag ein interessantes Buch mit dem Titel *E-Commerce Trends in China*. Die Autorin, Christina Richter, ist Personal Branding- und Kommunikationsstrategin und berät Unternehmen aus aller Welt, darunter das in Shenzhen ansässige Beratungsunternehmen Azoya, das internationale Einzelhändler und Brands beim Markteintritt in China unterstützt. Sie ist Co-Autorin des Sachbuchs „Digitales China" und ihre Mission ist es, mehr Verständnis für die wohl digitalste Gesellschaft der Welt zu schaffen.

In dem Buch schreibt sie:

> „E-Commerce hat einen langen Weg zurückgelegt von Katalogen mit Bestellung per Fax hin zur Ein-Klick-Bestellung mit Lieferung am selben Tag. In China machen mobiles Konsumverhalten, der Wunsch nach Unterhaltung und eine omnipräsente Infrastruktur für mobiles Bezahlen den lokalen Einzelhandelsmarkt aus. Auch die Verknüpfung von Online und Offline gehört zum Alltag dazu und Social Commerce und Livestreaming sind heute die beste digitale Nachahmung des klassischen Stadtbummels. Und dabei sehr populär."

Dieses Buch hat mir so gefallen, weil die Autorin die Innovation und Kreativität in Chinas Wirtschaft bemerkt hat. E-Commerce Trends in China sind ein typisches Beispiel für die Weisheit der Flexibilität in der chinesischen Kultur.

Flexibilität

Die Pandemie, die Anfang 2020 einsetzte, brachte ein neues Geschäftsmodell hervor. Als eine neue Art von E-Commerce-Marketingmodell hat die Live-Übertragung mit Waren spät begonnen, sich jedoch schnell entwickelt. Dieses E-Commerce-Marketingmodell dient jetzt in China als eine wichtige Maßnahme zur Konsolidierung der Erfolge bei der Armutsbekämpfung und zur Förderung der Strategie der Wiederbelebung des ländlichen Raums.

In letzter Zeit haben eine Reihe ausländischer Botschafter in China für viel Aufsehen gesorgt, indem sie ihre Produkte live streamten. Ob es sich nun um die tausende Pfund Kaffeebohnen handelte, die vom ruandischen Botschafter in China vermarktet wurden, oder um den Ceylon-Schwarztee, den der Botschafter Sri Lankas in China empfahl, die Produkte aus der Live-Übertragung waren in Sekundenschnelle ausverkauft, kaum dass sie in den Regalen standen. Die enorme Konsumkraft des chinesischen Marktes versetzte das Ausland in Erstaunen.

Als Bevollmächtigte ihrer Länder in China traten die Botschafter über das Streaming direkt mit den chinesischen Verbrauchern in Kontakt, was die große Bedeutung widerspiegelt, welche die Länder dem chinesischen Markt beimessen, sowie ihren Wunsch, die bilateralen Wirtschafts- und Handelsbeziehungen und den humanistischen Austausch zu erweitern. Einer von ihnen, der ruandische Botschafter in

China, James Kimonyo, erklärte gegenüber Reportern, dass ruandische Produkte vor einigen Jahren in China nicht sehr bekannt waren, aber die Verbraucher durch die Live-Übertragung auf ruandische Produkte aufmerksam geworden seien und der Umsatz um fast 40 % gestiegen sei. Er sagte, dass die ruandische Bevölkerung sich über die Live-Übertragung von Waren in China gefreut habe und dass der Verkauf das Interesse am Anbau weiterer Produkte geweckt habe.

In Ruanda lebt einer von dreißig Menschen vom Kaffeeanbau. Die Landwirtschaft macht etwa ein Drittel des ruandischen Bruttosozialprodukts aus. 2021 verkauften sich Ruandas Agrarprodukte wie Kaffeebohnen aufgrund der Pandemie nicht gut. Um den Bauern in ihrer Heimat zu helfen, versuchte Kimonyo, die Waren per Live-Webcasting ins Land zu bringen. Bevor er seine Worte ordnen konnte, waren tausende Pfund Kaffeebohnen bereits ausverkauft.

In der Sendung „Silk Road Living Room" von Guangdong TV wurde Kimonyo als erster afrikanischer Regierungsvertreter gefeiert, der einen chinesischen Live-Streaming-Raum betrat. Er gewann viele Likes und Follower. Allein im Jahr 2020 war er fünfmal live dabei, um ruandische Produkte zu promoten. Bei einer Live-Streaming-Veranstaltung zur Unterstützung von Landwirten teilte er sich die Bühne mit einer chinesischen Webmoderatorin, um für die ruandische Kaffeemarke „Gorilla" zu werben, die einen Verkaufsrekord von 2.000 Packungen in fünf Minuten aufstellte; bei einer Live-Streaming-Veranstaltung mit UN-Untergeneralsekretär Virasongwe in China verkaufte sich das Gesamtkontingent von 3.000 kg Kaffeebohnen innerhalb einer Sekunde. Dies entspricht dem Umsatz des Produkts im vergangenen Jahr.

Hierarchie

Die Geschichte des Botschafters von Ruanda, der für die Waren in seiner Heimat online warb und sie in China sofort verkaufte, zeigt uns, wie Menschen aus aller Welt einander lieben. In diesem globalen Dorf kennt jeder jeden. Da es der Botschafter war, der für das Produkt warb, hatte das chinesische Volk aufgrund des Vertrauens und des Respekts, den es Anführern entgegenbringt, volles Vertrauen in die Qualität des Produkts. Das Wort „Hierarchie", das immer negative Assoziationen hervorrief, wird in dieser Geschichte positiv interpretiert. Wenn jeder seine eigene Verantwortung übernehmen und seinen Pflichten nachkommen könnte, wie wunderbar wäre die Welt!

Nachdem im ersten Teil des Buches die grundlegenden Konzepte und Theorien der Disziplin der interkulturellen Kommunikation erläutert und erklärt werden, folgen in der zweiten Hälfte interessante Geschichten über die deutsch-chinesische Wirtschaftskommunikation in Form von „Storytelling". Was diese Geschichten von den Fallstudien unterscheidet, ist, dass die Hauptfiguren in den Geschichten eine

Sammlung von Charakteren der deutsch-chinesischen Geschäftskommunikation sind, was den Erzählstil repräsentativer macht.

Das Buch setzt sich mit zwölf Beispielfällen aus unterschiedlichen Bereichen praxisnah auseinander – auf den Ebenen Sach- und Beziehungsorientierung, Direktheit und Indirektheit, Hierarchie und Gesellschaftsordnung sowie Regelbefolgung und Flexibilität. Auf diese Weise verhilft es Ihnen zu präziserer und erfolgreicherer Kommunikation in der chinesisch-deutschen wirtschaftlichen Zusammenarbeit.

Danksagung

Als ich vor zwanzig Jahren als Auslandsstudentin an der Universität Bonn in Deutschland studierte, schenkten mir mein Gastvater Dieter und meine Gastmutter Helga, ein Ehepaar in den Siebzigern, die größte Nestwärme. Ihr kleiner Garten ist das schönste Zuhause, an das ich mich erinnern kann. Das geschmorte Rindfleisch, das ich am Abend meiner Ankunft in Bonn im Haus meiner BFSU-Klassenkameraden, die dort studierten, aß, ist das köstlichste Essen in meiner Erinnerung. Die zwanzig Jahre der Reise durch die chinesische und deutsche Kultur haben mir beigebracht, das Leben und die Freundschaft noch mehr wertzuschätzen. Dieses Buch basiert auf meinen langjährigen theoretischen und praktischen Erfahrungen in interkulturellen Trainings in Hochschulen und Unternehmen. Die Zeit im Ausland wird von viel Verwirrung und Unverständnis begleitet. Ich hoffe, dass dieses Buch Ihnen helfen kann, eine schöne, vielfältige und abwechslungsreiche interkulturelle Reise zu erleben. Ich möchte dies nicht als Lehrbuch bezeichnen. Ich möchte nicht behaupten, dass ich Ihnen, meinen Lesern, beibringe, was richtig oder falsch ist, sondern ich hoffe, dass Ihnen dieses Buch Anleitung und Inspiration bietet. Der Vergleich zwischen Kulturen dient nicht dazu, zu entscheiden, was ‚richtiger' und was ‚perfekter' ist, sondern sich gegenseitig zu erklären und zu verstehen.

I

Theoretischer Teil

Kapitel 1
Kultur

Dieses Kapitel umfasst die folgenden drei Teile: Erstens wird zunächst der Kulturbegriff aus verschiedenen Forschungsperspektiven besprochen. Zweitens geht es näher auf die Kulturkonzepte in der internationalen Managementliteratur ein, und schließlich werden methodologische Überlegungen zur Kulturforschung erörtert.

Text 1: Kulturbegriff und Kulturdimensionen

Kulturbegriff

„Kultur" als typische Ausprägungsform einer Gesellschaft definiert der Anthropologe Marvin Harris (1989, S. 20) als „die erlernten, sozial angeeigneten Traditionen und Lebensformen der Mitglieder einer Gesellschaft einschließlich ihrer strukturierten, gleichbleibenden Weisen des Denkens, Empfindens und Handelns". Die in diesem Sinne verstandene „Kultur" bezieht sich auf eine innerhalb einer sozialen Gemeinschaft geteilte „Lebenswelt" (Schütz & Luckmann, 1975), die mit bestimmten Mustern des Denkens, Fühlens und Handelns einhergeht, die über die einer Gesellschaft je eigenen Symbole erworben und weitergegeben werden (vgl. Kroeber & Kluckhohn, 1952, S. 181). Für die Angehörigen einer Kultur sind diese Muster häufig nicht explizit abrufbar, sondern stellen nur implizit als „Selbstverständlichkeiten" (Hofstätter, 1966, S. 57) die Grundlage für ein sinnhaftes, plausibles und weitgehend routinemäßiges Handeln bereit.

Die einer Gesellschaft eigene Lebenswelt hat sich als Folge der Auseinandersetzung der Menschen mit ihrer biologischen Ausstattung, den umgebenden geografischen Bedingungen und den jeweiligen sozialen Gegebenheiten herausgebildet.

Im Laufe seiner individuellen Entwicklung, der sogenannten *Ontogenese*, wächst der Mensch in die ihn umgebende Lebenswelt hinein. Dieses Hineinwachsen, die sogenannte *Enkulturation*, muss als dynamischer Prozess betrachtet werden, bei dem Kultur und Individuum in Wechselwirkung stehen: Einerseits trifft das Individuum diese Lebenswelt in Gestalt von Institutionen und Instanzen wie etwa Schule, Eltern, Lehrern und Gleichaltrigen an, andererseits wird es selbst Teil dieser Lebenswelt und kann diese aktiv mitgestalten. "Kultur" muss also sowohl als "Produkt" als auch als "Prozess" betrachtet werden.

Kulturdimensionen

Ausgangspunkt des niederländischen Forschers Geert Hofstede (vgl. Hofstede & Hofstede, 2006) war die Annahme, dass alle Gesellschaften mit ähnlichen Grundproblemen konfrontiert sind, zu deren Lösung sie aber unterschiedliche Antworten gefunden haben. Neben Hofstede führten auch Schwartz, GLOBE, Trompenaars und Hall

Studien zur Beschreibung und Klassifikation der Kultur durch. Je nach Herangehensweise, einbezogenen Lebensbereichen, untersuchten Stichproben und Zeitraum der Datenerhebung wurden unterschiedliche kulturunterscheidende Faktoren definiert, doch sind auch die Ähnlichkeiten nicht zu übersehen. Tabelle 1.1 verdeutlicht die Gemeinsamkeiten und Unterschiede zwischen den Theorien. Keines der dargestellten Klassifikationssysteme ist zur Beschreibung von Kulturen als erschöpfend zu betrachten.

Tabelle 1.1: Beschreibung und Klassifikation der Kulturen

Hofstede	Schwartz	GLOBE	Trompenaars	Hall
Individualismus-Kollektivismus	Autonomie-Eingebettetheit	Institutioneller Kollektivismus, Gruppenkollektivismus Humanorientierung	Individualismus-Kollektivismus	Kontextorientierung
Machtdistanz	Hierarchie-Gleichheit	Machtdistanz	Leistung-Herkunft	
Unsicherheitsvermeidung		Unsicherheitsvermeidung	Universalismus-Partikularismus	
Maskulinität-Femininität	Beherrschung-Harmonie	Geschlechtergleichheit, Selbstdurchsetzung	Neutralität-Emotionalität	
Zeitorientierung		Zukunftsorientierung, Leistungsorientierung	Zeiteinstellung	Zeitorientierung
	Beherrschung-Harmonie	Humanorientierung	Bezug zu Natur und Umwelt	
				Raumorientierung
				Informationsgeschwindigkeit

(Mit freundlicher Genehmigung von Hede Helfrich © Helfrich (2013), S. 21 und S. 66.)

Die Begriffe Kultur, (soziale) Diversität, Akkulturation und interkulturelle Trainings werden in vielen verschiedenen Bereichen benutzt. Je nach Verwendungskontext kann sich ihre Bedeutung unterscheiden, weshalb es keine allgemeingültigen Definitionen gibt. Dieses Kapitel erläutert grundlegende Begrifflichkeiten im Rahmen von interkulturellen Trainings.

In diesem Buch wird Kultur als Lebenswelt einer sozialen Gruppe oder Community aufgefasst, die durch gemeinsame Interpretationsmuster, Normen, Werte,

Praktiken und Gewohnheiten gekennzeichnet ist, die sich auf der Grundlage gemeinsamer Erfahrungen entwickelt haben (Lott, 2010). Jede Person gehört gleichzeitig unterschiedlichen Kulturen an (z.B. einer ethnischen Gruppe, einem Geschlecht, einer Berufsgruppe, einer bestimmten Weltanschauung etc.). Dieses einzigartige und komplexe multikulturelle Selbst beeinflusst, wie wir uns selbst sehen, wie wir Ereignisse interpretieren, welche Überzeugungen wir zu anderen Personen vertreten und wie wir uns ihnen gegenüber verhalten (Lott, 2010). Der Einfluss der unterschiedlichen Kulturen ist individuell verschieden und kann für dieselbe Person über die Zeit sowie in Abhängigkeit von Situationen und sozialen und politischen Ereignissen variieren (Lott, 2010).

Diversität (auch *Diversity*; engl.: Vielfalt, Verschiedenheit) bezieht sich darauf, dass sich Personen hinsichtlich bestimmter Eigenschaften und Gruppenzugehörigkeiten voneinander unterscheiden (bzw. ähneln) oder dass sich eine Gruppe oder Organisation aus verschiedenen Personen zusammensetzt, die beispielsweise unterschiedlichen Berufsgruppen, Altersgruppen oder Geschlechtern angehören. Auf welchen Dimensionen sich Personen unterscheiden (bzw. ähneln) können, wird im Kreismodell von Gardenswartz und Rowe (2008) veranschaulicht. Das Modell besteht aus insgesamt vier Schichten. Die erste Schicht stellt die Persönlichkeit eines Menschen dar, die sich während der Sozialisation herausbildet und die individuellen Charaktereigenschaften eines Menschen umfasst. In der nächsten Schicht befinden sich innere Diversitätsdimensionen, die relativ stabil sind. Beispiele hierfür sind das Geschlecht, die sexuelle Orientierung, die physischen Fähigkeiten, der Geburtsjahrgang oder der ethnische Hintergrund. Diese Dimensionen werden häufig als Kerndimensionen von Diversität bezeichnet. Die sogenannten äußeren Dimensionen in der folgenden Schicht sind bis zu einem gewissen Grad veränderbar. Beispiele sind der Familienstand, die Religion, die Berufserfahrungen oder das Einkommen. Die letzte Schicht bilden organisationale Dimensionen wie der Arbeitsort, Netzwerke oder Eigenschaften der Abteilung. Gardenswartz und Rowe stellen somit ein umfangreiches Modell zur Systematisierung von unterschiedlichen Diversity-Dimensionen dar, welches die Vielzahl und Vielfältigkeit von Dimensionen verdeutlicht, in denen sich Menschen unterscheiden (bzw. ähneln) können.

Diversität kann sich auf vielfältige Weise auswirken: Ein positiver Effekt auf der individuellen Ebene können erhöhte Kreativität und bessere Arbeitsleistungen sein (Leung, Maddux, Galinsky, & Chiu, 2008). Auch Organisationen formulieren Diversität immer häufiger als explizites Ziel und führen unter dem Stichwort Diversity Management Maßnahmen durch, mit denen Diversität gefördert werden soll bzw. die Möglichkeiten von Vielfalt optimal genutzt werden sollen. Ziele sind dabei beispielsweise eine erhöhte Produktivität (Richard, Kirby & Chadwick, 2013) oder die Entwicklung von Innovationen (Yang & Konrad, 2011). Gleichzeitig wird Andersartigkeit jedoch oftmals als bedrohlich wahrgenommen, was zu Verunsicherung und der Abwertung oder gar Diskriminierung von Menschen, die Minderheiten angehören, führen kann (Stephan, 2014). Wichtig ist, zwischen kurz- und langfristigen Konsequenzen von Diversität zu unterscheiden. Putnam (2007) diskutiert, dass Diversität kurzfristig Entsolidarisierungstendenzen und geringeres Vertrauen in Organisationen und Gesellschaften zur Folge haben kann, langfristig jedoch wirtschaftliche und kulturelle Vorteile mit sich bringt. Festzuhalten bleibt, dass Diversität nicht pauschal als ‚gut' oder ‚schlecht', ‚gewinnbringend' oder ‚verunsichernd' beurteilt werden kann. Entscheidend ist, wie Individuen, Organisationen und Gesellschaften mit Diversität umgehen. Interkulturelle Trainings können in diesem Zusammenhang einen wichtigen Beitrag leisten. Sie bieten den Teilnehmenden einen Raum, in dem sie ihre persönlichen Kompetenzen gezielt weiterentwickeln können.

Quelle: Agostino Mazziotta, Verena Piper & Anette Rohmann (2016). *Interkulturelle Trainings. Ein wissenschaftlich fundierter und praxisrelevanter Überblick*. Springer Fachmedien Wiesbaden.

Text 2: Kulturkonzepte in der internationalen Managementliteratur

In der internationalen Managementwissenschaft soll der klassische anthropologische Kulturbegriff den Glauben stärken, dass Kultur nur als Merkmal verstanden werden kann, das einen Menschen vom anderen unterscheidet. Die Akkumulation allgemeiner Faktoren dient dann als endgültiger Standard zur Beschreibung der Merkmale des sozialen und kulturellen Systems.

Hawking (1995) fasst den Kulturbegriff basierend auf den obigen Überzeugungen in chronologischer Reihenfolge zusammen:

- Ein Komplex, der Wissen, Überzeugungen, Kunst, Moral, Gesetze, Bräuche und alle anderen Fähigkeiten und Gewohnheiten umfasst, die Menschen als Mitglieder der Gesellschaft erlernen (Tyler, 1871);
- vom Menschen geschaffene Bestandteile der menschlichen Umwelt (Herskovits, 1948);
- eine Reihe von gemeinsamem Verständnis, ausgedrückt in Sprache (Becker & Geer, 1970);
- die Werte, Überzeugungen und Erwartungen, denen die Mitglieder einer Gesellschaft zustimmen (Van Maanen & Schein, 1979);
- das Modell der Überzeugungen und Erwartungen, das von den Mitgliedern anerkannt wird, die den Verhaltenskodex festlegen (Schwartz & Jordan, 1980);
- eine kollektive Denkweise, die ein Gruppenmitglied von einem Mitglied einer anderen Gruppe unterscheiden kann (Hofstede, 1980);

- drei Aspekte: (1) ein bestimmter Inhalt (Bedeutung und Verständnis); (2) für eine Gruppe; (3) besondere Bedeutung (Louis, 1983);
- grundsätzlich ein System zum Erstellen, Übertragen, Speichern und Verarbeiten von Informationen (Hall & Hall, 1987);
- die einzigartige Fähigkeit des Menschen, sich an die Umwelt anzupassen und diese Anpassungsfähigkeiten und dieses Wissen an zukünftige Generationen weiterzugeben (Harris & Moran, 1987).

Holden fasst die kulturellen Begriffe in der Managementliteratur in drei Kategorien zusammen:

- Kultur bezogen auf einen Aspekt einer Nation oder ethnischen Gruppe, einschließlich der Summe der Merkmale einzelner (kultureller) Managementmethoden und Verhandlungsmethoden;
- Kultur bezogen auf die Merkmale einer Organisation („Unternehmenskultur");
- Kultur bezogen auf die Denkweise.

Quelle: Hoecklin, L. (1995). *Managing cultural differences: Strategies for competitive advantage*. London: Economit Intelligence Unit/Addsion Wesley.

Text 3: Methodologische Überlegungen

Prinzipiell werden in der kulturvergleichenden Psychologie dieselben Anforderungen an die verwendeten Methoden gestellt wie in den anderen psychologischen Disziplinen, aber diese Anforderungen sind in der kulturvergleichenden Psychologie manchmal ungleich schwerer zu erfüllen. Vor allem die Vergleichbarkeit psychischer Phänomene zwischen Gesellschaften mit unterschiedlicher Denkweise, Sprache und Wertvorstellungen stellt eine Herausforderung für die Psychologie dar.

Etische versus emische Perspektive

Zwei Sichtweisen

Innerhalb der Kulturforschung lassen sich zwei Sichtweisen unterscheiden: eine kulturübergreifende Außensicht oder „etische" Perspektive und eine kulturangepasste Innensicht oder „emische" Perspektive.

Abbildung 1.2: Etische und emische Perspektive

In der psychologischen Kulturforschung existieren zwei Sichtweisen: die etische und die emische.

Unter der *etischen* Perspektive wird eine kulturübergreifende Position eingenommen (Außenperspektive). Zur Untersuchung der Phänomene dienen universell gültige Beschreibungssysteme und Vergleichsmaßstäbe.

Im *emischen* Ansatz wird die Kultur aus den Augen der jeweiligen Betroffenen betrachtet und mit Kategorien, die der Kultur eigen sind, beschrieben (Innenperspektive). Im Fokus steht die Betonung der Einzigartigkeit der Kultur.

Diese beiden Ansätze schließen sich jedoch nicht gegenseitig aus, sondern sollten sich wechselseitig ergänzen.

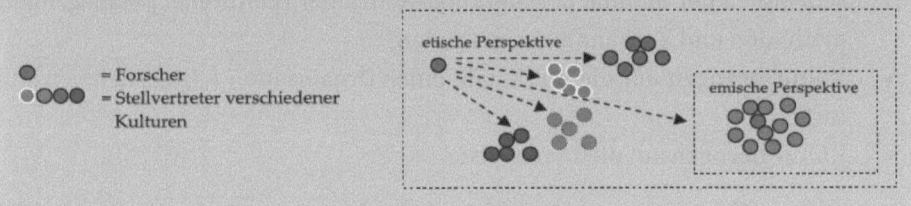

(Mit freundlicher Genehmigung von Hede Helfrich © Helfrich (2013), S. 29.)

Abbildung 1.2 illustriert die Unterscheidung zwischen den beiden Perspektiven. Beim etischen Ansatz versucht der Forscher bzw. die Forscherin, einen Standpunkt außerhalb der betrachteten Kulturen einzunehmen und damit dem naturwissenschaftlichen Ideal der „Objektivität" zu genügen. Beim emischen Ansatz dagegen wird versucht, die Phänomene mit den Augen der jeweils Betroffenen zu betrachten und damit dem geisteswissenschaftlichen Ideal der „Perspektivität" zu entsprechen.

Die Unterscheidung stammt ursprünglich aus der Linguistik: Die Phonetik richtet ihr Augenmerk auf Lautmerkmale, mit Hilfe derer sich der Lautbestand aller Sprachen beschreiben lässt, während die Phonemik diejenigen Lautmerkmale identifiziert, die innerhalb der untersuchten Sprache zur Bedeutungsdifferenzierung beitragen (Pike, 1967). Übertragen auf den Kulturvergleich heißt dies, dass der etische Ansatz universell gültige Vergleichsmaßstäbe anzuwenden versucht, wohingegen der emische Ansatz anstrebt, die funktional relevanten Aspekte innerhalb einer bestimmten Kultur aufzudecken. Teilweise korrespondiert die Unterscheidung mit der Dichotomie zwischen dem „nomothetischen" und dem „idiographischen" Ansatz, wie sie besonders in der Persönlichkeitspsychologie deutlich wird. Der nomothetische Ansatz beschreibt die Unterschiede zwischen Individuen als verschiedene Ausprägungen allgemeiner Merkmale, während der idiographische Ansatz die Einzigartigkeit jedes Individuums betont. In der psychologischen Kulturforschung richtet der etische Ansatz das Augenmerk auf universell gültige Variablen, wogegen der emische Ansatz die Einzigartigkeit einer Kultur hervorhebt.

Das Ziel des Kulturvergleichs aus etischer Perspektive besteht darin, die Empfänglichkeit individuellen Handelns und Denkens gegenüber kulturellen Einflüssen zu prüfen. Meist wird hierbei der Faktor „Kultur" in Form bestimmter kultureller Merkmale wie etwa schulische Bedingungen, Erziehungsstile oder soziale Wertorientierungen operationalisiert. Kultur wird damit als ein Satz von außerhalb der Person liegenden, „unabhängigen" Variablen betrachtet, deren Auswirkung auf individuelles Erkennen, Lernen und Handeln in Form von „abhängigen" Variablen untersucht wird.

(Mit freundlicher Genehmigung von Hede Helfrich © Helfrich (2013), S. 27-33.)

Weiterführende Literatur

Gardenswartz, L., & Rowe, A. (2008). *Diverse teams at work: Capitalizing on the power of diversity*. Alexandria, VA: Society for Human Resource Management.

Harris, M. (1989). *Kulturanthropologie*. Frankfurt a. M.: Campus.

Hofstätter, P. R. (1966). *Einführung in die Sozialpsychologie*. Stuttgart: Kröner.

Hofstede, G. & Hofstede, G. J. (2006). *Lokales Denken, globales Handeln. Interkulturelle Zusammenarbeit und globales Management*. München: Deutscher Taschenbuch Verlag.

Holden, N. (2006). *Cross-cultural Management – A Knowledge Management Perspective*, übersetzt von Kang Qing, Zheng Tong, Han Jianjun. People's University of China Press, August, S. 26. (Chinesische Version. 尼格尔 霍尔顿 (2006), 著 康青 郑彤 韩建军译 《跨文化管理——一个知识管理的视角》 中国人民大学出版社, 第 26 页.)

Kroeber, A. L. & Kluckhohn, C. (1952). *Culture: A critical review of concepts and definitions*. Vol. 47, No. 1, Cambridge, MA: Peabody Museum.

Leung, A. K., Maddux, W. W., Galinsky, A. D. & Chiu, C. Y. (2008). Multicultural experience enhances creativity: The when and how. *American Psychologist*, 63, 169–181.

Lott, B. (2010). *Multiculturalism and diversity: A social psychological perspective*. Chichester, UK: Wiley-Blackwell.

Putnam, R. D. (2007). E pluribus unum: Diversity and community in the twenty-first century; The 2006 Johan Skytte prize lecture. *Scandinavian Political Studies*, 30, 137–174.

Richard, O. C., Kirby, S. L. & Chadwick, K. (2013). The impact of racial and gender diversity in management on financial performance: How participative strategy making features can unleash a diversity advantage. *The International Journal of Human Resource Management*, 24, 2571–2582.

Schroll-Machl, S. (2007). *Die Deutschen – Wir Deutsche. Fremdwahrnehmung und Selbstsicht im Berufsleben*. 3. Aufl. Göttingen.

Schütz, A. & Luckmann, T. (1975). *Strukturen der Lebenswelt*. Neuwied: Luchterhand.

Stephan, W. G. (2014). Intergroup anxiety: Theory, research, and practice. *Personality and Social Psychology Review*, 18, 239–255.

Yang, Y., & Konrad, A. M. (2011). Diversity and organizational innovation: The role of employee involvement. *Journal of Organizational Behavior*, 32, 1062–1083.

Aufgaben

1. Welche Erklärung passt zu welchem Begriff?

a) Anthropologe	1) sich in etw. üben, bis man es beherrscht
b) angeeignet	2) Hineinwachsen des Einzelnen in die Kultur der ihn umgebenden Gesellschaft
c) Selbstverständlichkeit	3) Wissenschaftler auf dem Gebiet der Anthropologie
d) Ontogenese	4) etw., das sich von selbst versteht
e) Enkulturation	5) Entwicklung des Individuums von der Eizelle zum geschlechtsreifen Zustand
f) Dilemma	6) leicht zugänglich
g) Ausprägung	7) sich in etw. ausdrücken, zeigen
h) nomothetisch	8) Zwangslage, Situation, in der sich jmd. befindet
i) idiographisch	9) von griechisch nomos: ‚Gesetz' und thesis: ‚aufbauen'
j) Empfänglichkeit	10) von griech. idios: ‚eigen' und graphein: ‚beschreiben'

2. Stellen Sie einen Vergleich zwischen „etischem (nomothetischem) Vorgehen" und „emischem (idiografischem) Vorgehen" an. Erstellen Sie eine Tabelle dafür.

etisches (nomothetisches) Vorgehen	emisches (idiografisches) Vorgehen

3. Finden Sie Beispiele für Situationen aus der Arbeitswelt, in denen unterschiedliche Vorstellungen hinsichtlich der Zusammenarbeit herrschen, und diskutieren Sie mögliche Konsequenzen.

4. Folgen Sie hierbei der Kulturdimension und suchen Sie Beispiele für kulturelle Unterschiede, die sich nicht auf den nationalen oder ethnischen Hintergrund beziehen. Finden Sie auch Beispiele, in denen in zwei Kulturen sehr ähnliche Vorstellungen vorherrschen?

5. Vergleichen Sie den Kulturbegriff deutscher Akademiker mit dem chinesischer Akademiker.

Kapitel 2
Vorurteile und Stereotype

Halbwissen zu und Vorurteile gegenüber anderen Völkern gibt es überall auf der Welt. In deutsch-chinesischen Begegnungen sind sie besonders evident und – dies ist das Thema dieses Kapitels – sie sind zu einem wichtigen Faktor in vielen Gemeinschaftsunternehmen geworden.

Text 1: Pauschalurteile über Deutsche und Chinesen

Chinesen sind ...
… stets höflich (im Umgang mit Ausländern …).
… rücksichtslos (im Bus, im Geschäftsleben …).
… hübsch (die Frauen …).
… hochintelligent (Geschäftsleute, Studierende…).
… stolz auf ihre Kultur (alle …).
… fleißig (Studierende …).
… unkritisch (äußern nie konstruktive Kritik …).
… sparsam (höchste Sparrate der Welt …).
… verantwortungslos gegenüber ihrer Umwelt.
… im Grunde alle gleich.

Deutsche sind ...
… dick (Männer mit Bierbauch …).
… fleißig (alle …).
… korrekt (bei Verträgen …).
… offen und ehrlich (d.h., zu offen und zu ehrlich …).
… laut (eigentlich immer …).
… gebildet (Goethe …).
… reich (geben ihren Hunden hochwertiges Fleisch …).
… gute Fußballspieler/Rennfahrer/…
… arrogant und aggressiv (zu Untergebenen …).
… humorlos (bei Verhandlungen).
… Perfektionisten (bei technischen Details …).
… umweltfreundlich (trennen Abfall …).
Quelle: Vermeer, Manuel (2015). *China.de*. Springer Gabler. S. 14–15.

Das Deutschlandimage von chinesischen Internetnutzern
Ich habe mit meinen Studierenden in Shanghai das Thema „Deutschlandimage von chinesischen Internetnutzern auf Baidu-Tieba" in chinesischen sozialen Medien im Internet untersucht.

Durch die Eingabe des Schlüsselworts „德国 (Deutschland)" wurden alle relevanten Websites Tiebas kategorisiert, die Anzahl der Abonnenten in jedem Bars erfasst und die Gesamtanzahl der Abonnenten in einer Kategorie berechnet. Analysiert wurden die von Internetnutzern erstellten bzw. verbreiteten Inhalte, Kommentare und Texte zu Postings, in denen der Name „德国 (Deutschland)" vorkam. Die Datenerfassung für diese Studie endete am 18. Mai 2021.

Die Studie ergab, dass diese verschiedenen Bars in acht Kategorien eingeteilt werden können: „Fußball", „Deutsche Hunderassen", „Studieren und Leben im Ausland", „Industrieprodukte, Wissenschaft und Technik", „Militär, Geschichte und Politik", „Philosophie und Kunst", „Allgemein" und „Nicht auf Deutschland bezogen".

Tabelle 2.1: Eigene Studie bis zum 18. Mai 2021

Kategorien:	Anzahl der Teilnehmenden
„Fußball"	1.192.711
„Deutsche Hunderassen"	635.228
„Studieren und Leben im Ausland"	223.775
„Industrieprodukte, Wissenschaft und Technik"	93.757
„Militär, Geschichte und Politik"	32.003
„Philosophie und Kunst"	8.151
„Allgemein"	848.428
„Nicht auf Deutschland bezogen"	2.591
Gesamt	3.036.644

Der interkulturell kompetente Kapitän

Ein Kreuzfahrtschiff mit internationalem Publikum an Bord rammt einen gewaltigen Eisberg und beginnt, langsam zu sinken. Da die Rettungsboote klemmen, gibt der Kapitän den Befehl, dass die Passagiere unverzüglich die Schwimmwesten anlegen und von Bord springen sollen.

Nach zehn Minuten kehrt der Erste Offizier verzweifelt zurück und meldet: „Keiner ist bereit zu springen. Was sollen wir tun?"

Da geht der Kapitän selbst von der Brücke und nach weiteren zehn Minuten sind alle Passagiere von Bord.

„Wie haben Sie das denn bloß gemacht?", fragt der Erste Offizier erstaunt.

„Ganz einfach, mein Lieber", sagt der Kapitän,

„den Engländern habe ich gesagt, es sei unsportlich, nicht zu springen,

den Franzosen, es sei schick,

den Deutschen, dies sei ein Befehl,

den Amerikanern, sie seien versichert,

und den Italienern, von Bord zu springen sei verboten."

Offensichtlich reicht für einige der Passagiere der Befehl zu springen allein nicht aus, um das damit verbundene Risiko einzugehen. Erst die Unterstützung des Befehls durch die Aktivierung kulturspezifischer Werte aus den Bereichen Sport, Ästhetik, Autorität, Gesundheit, Sicherheit und Protest hat Erfolg.
Quelle: Thomas, Alexander (2011). *Interkulturelle Handlungskompetenz.* Gabler. S. 10.

Um die obigen Beispiele zu erläutern, muss man den Begriff „Stereotyp" verstehen. Stereotype werden als generalisierende Meinungen über andere Gruppen gesehen, z.B. bezogen auf andere Nationalitäten oder geschlechtsspezifische Rollenklischees. Stereotype lassen sich von eher objektiven Meinungen unterscheiden. Einen neutralen Stereotypen-Begriff proklamierte schon in den 1920er Jahren W. Lippmann. Er versteht Stereotypisierung als ein rationelles Verfahren des Individuums zur Reduktion der Komplexität seiner realen Umwelt. Die psychologische und physiologische Beschaffenheit des Menschen sei bestrebt, Wahrnehmungen und Vorstellung in standardisierte Raster einzuordnen, ohne die eine Orientierung unmöglich wäre. Nach Lippmann ist Stereotypisierung als grundlegender Wahrnehmungs- und Kategorisierungsprozess zu verstehen, ohne den eine erfolgreiche Aufarbeitung und Bewältigung unserer Umwelt nicht möglich ist. Stereotype bilden hiernach einen wichtigen Bestandteil des kognitiven Apparats zur Verarbeitung komplexer Information.

Text 2: Umgang mit dem Anderen

Sanft ins kalte Wasser

Kontakte mit Chinesen lassen sich auch fern von China knüpfen. Bei der Kontaktanbahnung außerhalb von China ergibt sich selten ein direkter Einstieg in ein chinesisches Netzwerk, aus dem weitere Geschäfte resultieren. Sie bietet dennoch eine Chance, Kommunikationserfahrungen zu sammeln, die für die spätere Gestaltung der Geschäftssequenzen hilfreich sind. Vor Ort in China lässt sich die Kommunikationsgestaltung bei einer Vielzahl von Situationen erproben, z.B. beim Kauf eines maßgeschneiderten Anzugs von einem chinesischen Schneider. Zu beachten sind beim Durchspielen von Kommunikationssituationen mit Chinesen die besonderen Kommunikationsabbruchs- und Fortführungsbedingungen.

Als Leitfaden sind diese Beobachtungen zu empfehlen:

- Was kann ich in der fremden Kultur erwarten?
- Was führt zu Enttäuschungen?
- Was erwarten die Chinesen von mir?
- Was erwarten die Chinesen, was ich von ihnen erwarte?

Bei der Geschäftsgestaltung mit Chinesen handelt es sich nicht um ein Planspiel. Unvorbereitet ins „kalte Wasser" zu springen, sich nur an Tipps zu orientieren und auf bisherige

Geschäftserfahrungen zu vertrauen, überlässt den Geschäftserfolg dem Zufall. Es empfiehlt sich deshalb, sich bereits vor der Kontaktaufnahme mit Chinesen mit unbekannten Kommunikationssituationen vertraut zu machen und ein zusätzliches Repertoire an Verhaltensstrategien einzuüben. Dies erlaubt die Konzentration auf einzelne Gesichtspunkte und damit das bewusste Verfeinern von bereits vorhandenen Fertigkeiten.

Quelle: Preyer, Gerhard & Krauße, Reuß-Markus (2009). *In China erfolgreich sein: Kulturunterschiede erkennen und überbrücken. Strategien und Tipps für den Umgang mit chinesischen Geschäftspartnern.* Gabler. S. 12–13.

Text 3: Fremdeinschätzung

In einzelnen Kulturen herrscht eine unterschiedliche Gewichtung der Rolle, die dem sozialen Miteinander auf der einen und der Abgrenzung der persönlichen Sphäre auf der anderen Seite zukommt (Raible, 1987, S. 164). Bei einer Verhandlung in China ist die Aussage des chinesischen Partners oft seine persönliche Meinung, nicht die seines Arbeitgebers. Verhandelt man mit einem anderen Mitarbeiter, kann sehr schnell eine andere Firmenposition bezogen werden. Ebenso wird in China zumeist nicht zwischen Berufsleben und Privatleben getrennt, zwischen Meinung einer Person zu einem Sachverhalt und der Person selbst. Wer sich unhöflich über andere äußert, gilt selbst als unhöflich, wer an der Meinung eines anderen Kritik übt, kritisiert implizit auch dessen Persönlichkeit. Die in Text 1 angeführte Aussage, Chinesen seien unkritisch, ist somit darauf zurückzuführen, dass offene Kritik an sich als unhöflich angesehen wird und den Kritiker Gesicht verlieren lässt. Also sind Chinesen nicht unkritisch, aber sich in der Öffentlichkeit negativ über jemanden zu äußern, hat einen anderen Stellenwert als in Deutschland.

Um mein Gegenüber noch mehr zu loben, als es in Deutschland für erforderlich gehalten wird, kann ich mich selbst herabstufen. Ich bezeichne meine Sprachkenntnisse als sehr unzulänglich, meine Villa als armselig und mein Festessen zu Ehren der Gäste als „schlecht gekocht und minderwertig". Aus deutscher Sicht gilt dies als peinlich und „fishing for compliments". Es darf jedoch auch in China nicht den Eindruck echter Kritik am eigenen Besitz oder gar der eigenen Familie erwirken. Jeder weiß, dass es sich nur um Höflichkeit handelt. Aber das Gesicht bleibt gewahrt, und nur dies zählt.

Unter den jüngeren Chinesen sind solche tradierten Verhaltensweisen meist nicht mehr anzutreffen. Wenn in einem deutschen Werbespot die Mutter die Kinder mit einem bestimmten Nudelgericht zu Tisch ruft und alle Kinder der Nachbarschaft herbeieilen, dann steht dies nach Meinung der Werbemacher für die Beliebtheit des Nudelgerichts. Chinesen, denen man diese Werbung zeigte, bemerkten zuerst: Die Kinder kommen ja alle mit schmutzigen Schuhen einfach in die Wohnung gerannt, ohne die Mutter auch nur zu grüßen! Welch schlechte Erziehung! Respekt vor den Eltern ist (war?) eine Grundtugend chinesischer Erziehung. (Dies änderte sich allerdings im Zuge der Ein-Kind-Ehe rapide, so dass die Zahl der zu beobachtenden „verzogenen" Kinder deutlich zunahm). In diesem Beispiel handelt es sich um eine unterschiedliche Perzeption desselben Sachverhaltes. Wie werden Bilder in China aufgenommen? Gibt es Unterschiede zu westlichen Wahrnehmungsmustern?

Die komplexen chinesischen Schriftzeichen bestehen aus zahlreichen Einzelbestandteilen, deren jeweilige Kombination erst das Ganze ergibt. Die Wahrnehmung (hier: Reihenfolge der Striche beim Aufbau eines Zeichens) geschieht daher vom Kleinen zum Großen, vom Detail zum Allgemeinen. Dies lässt sich auf generelle Wahrnehmungsmuster übertragen. Chinesen konzentrieren sich zunächst auf Details, auf Einzelheiten, und schlussfolgern daraus das Ganze, während Europäer erst das Gesamtbild präsentieren (beispielsweise ein Projekt) und dann auf einige Punkte detailliert eingehen. Dabei ist ihnen unverständlich, wie viel Zeit die Chinesen mit Nebensächlichkeiten und scheinbar unwichtigen Details verbringen, ohne zunächst den großen Rahmen geschaffen zu haben! Genau hier aber beginnen schon die Kommunikationsschwierigkeiten. Deutsche ärgern sich über die Zeit, die man mit Unterpunkten der Agenda verschwendet, während Chinesen der deutschen Darstellung kaum folgen können. Bei einer Präsentation vor chinesischen Zuhörern ist daher ein völlig anderer Aufbau notwendig, da die gewohnte Vorgehensweise nicht den Erwartungen des Publikums entspricht. Und wenn nicht das eintrifft, was man erwartet, erschwert dies das Verständnis oder macht es unmöglich.

Auch das Individuum begreift sich in China stets als Teil des Ganzen. Chinesen definieren sich über die anderen Teile einer Gesellschaft, das heißt beispielsweise über andere Menschen und über die Beziehungen zu anderen Menschen. So stellen Chinesen einen Gast vor, indem sie erklären, er sei ein Freund von Herrn X oder gut bekannt mit Frau Y. In Deutschland wird man vorgestellt, in dem auf eigene Verdienste, den Rang etc. verwiesen wird.

Ich stelle mich nicht vor und sage, ich sei ein Freund des Vorstandsvorsitzenden einer bekannten Firma oder hätte den Bundespräsidenten neulich getroffen! In China kann man sich allerdings mit der Bekanntschaft zu bedeutenden Persönlichkeiten selbst als bedeutsam präsentieren. Beziehungen, oder chinesisch: *Guanxi*, sind ein zentraler Bestandteil der chinesischen Kultur. Ihnen wird daher ausführlich Raum gegeben. Sie sind zu pflegen, zu erhalten und auszubauen. Man kann sie wie Kapital einsetzen. Wer keine Beziehungen hat, wer sich nicht über andere definieren kann, wird nicht anerkannt. Das deutsche Beharren auf individuellen Leistungen und Rechten, auf Unabhängigkeit von der Familie, wird von der Mehrheit der Chinesen so nicht nachvollzogen. Natürlich gibt es in China heute ebenfalls Menschen, die sich bewusst von der Gesellschaft distanzieren möchten und dies auch tun. Aber sie bilden eine Ausnahme und bestätigen somit das Prinzip.

Quellen: Vermeer, Manuel (2015). *China.de*. Springer Gabler. S. 19–21.
Raible, W. (1987). Sprachliche Höflichkeit – Realisierungen im Deutschen und im Französischen. *Zeitschrift für französische Sprache und Literatur*, 97, S. 145–168.

Weiterführende Literatur

Preyer, Gerhard & Krauße, Reuß-Markus (2009). *In China erfolgreich sein: Kulturunterschiede erkennen und überbrücken. Strategien und Tipps für den Umgang mit chinesischen Geschäftspartnern*. Gabler.

Thomas, Alexander (2011). *Interkulturelle Handlungskompetenz*. Gabler.

Aufgaben

1. Welche Erklärung passt zu welchem Begriff?

a) unmanierlich	1) unmenschlich, roh, grausam
b) rücksichtslos	2) schlechte Manieren habend; ungesittet
c) enervierend	3) (leicht abwertend) jmd., der übertrieben nach Perfektion strebt
d) barbarisch	4) entnerven: ein enervierender Lärm
e) Perfektionist	5) keine Rücksicht auf jmdn., etw. nehmend; ohne Rücksichtnahme
f) sich zurechtfinden	6) gemeinschaftliche Aktion für od. gegen jmdn., etw.
g) Senioritätsprinzip	7) überliefern; etw. Überliefertes weiterführen, weitergeben
h) zustehend	8) die räumlichen, zeitlichen o. ä. Zusammenhänge, die gegebenen Verhältnisse, Umstände erkennen, sie richtig einschätzen, damit vertraut werden
i) Kampagnen	9) Seniorität (lat. senior „der Ältere") bezeichnet eine Rangfolge der Beförderung bzw. Entlohnung, die sich aufgrund des Lebensalters ergibt
k) tradiert	10) etw. sein, worauf jmd. einen [rechtmäßigen] Anspruch hat, was jmd. bekommen hat

2. Mit welchen Beschreibungen der Chinesen und Deutschen im Text 1 sind Sie nicht einverstanden? Bitte teilen Sie Ihre Ansichten allen mit.

3. Wie würden Sie die Deutschen beschreiben? Notieren Sie jeweils mindestens fünf Eigenschaften.

a) Ich finde die Deutschen …

(ziemlich)	nicht (besonders)
1.	1.
2.	2.
3.	3.
4.	4.
5.	5.

anpassungsfähig ■ arrogant ■ aufgeschlossen ■ bescheiden ■ beweglich ■ ehrlich ■ eingebildet ■ faul ■ fleißig ■ friedlich ■ gastfreundlich ■ geistreich ■ geizig ■ geschäftstüchtig ■ großzügig ■ hartnäckig ■ herzlich ■ hilfsbereit ■ höflich ■ humorlos ■ humorvoll ■ kontaktfreudig ■ nationalbewusst ■ offen ■ ordentlich ■ rücksichtsvoll ■ schwerfällig ■ selbstsicher ■ stolz ■ streitsüchtig ■ teamfähig ■ überheblich ■ vertrauenswürdig ■ witzig ■ zielstrebig ■ zurückhaltend ■ zuverlässig

b) Beschreiben Sie konkrete Erlebnisse oder Beobachtungen, die zu diesen Einschätzungen beigetragen haben.

Ich finde ...
Ich kann aus meiner Erfahrung (nicht wirklich) bestätigen, dass ...
Mir erscheinen die Deutschen oft als ...
Ich habe auch/eigentlich (nicht) den Eindruck, dass ...
Ich empfinde sie (oft) als ...
Ich empfinde/erlebe sie auch/nicht als ...

Erfahrungen/Beobachtungen beschreiben

Ich habe oft bemerkt/beobachtet, dass ...
... die Deutschen, mit denen ich zu tun (gehabt) habe ...
... die Deutschen oft auch nicht ... haben/sind/waren.
Es ist mir aufgefallen, dass ...
Das entspricht auch/nicht meinen eigenen Beobachtungen/Erfahrungen, dass ...
Ich habe oft die Beobachtung/Erfahrung mit ihnen gemacht, ...
Die meisten Deutschen, die ich getroffen habe, ...
Wenn man ..., ist es häufig so, dass sie ...
Ich persönlich finde die Deutschen wirklich/ziemlich/überhaupt nicht ..., denn ...
Die Deutschen, die ich kenne/denen ich begegnet bin/mit denen ich zu tun habe, ...

4. Wie würden Sie anhand des Textes den Begriff „am westlichsten" erklären?

5. Kann der Satz „Chinesen konzentrieren sich zunächst auf Details, auf Einzelheiten, und schlussfolgern daraus das Ganze, während Europäer erst das Gesamtbild präsentieren (beispielsweise ein Projekt) und dann auf einige Punkte detailliert eingehen" die chinesische Denkweise bei der Wirtschaftskommunikation erklären?

Kapitel 3
Kommunikation

Wie kann man Schnee beschreiben?
Eskimos beschäftigen sich jeden Tag mit Schnee, und Schnee ist in ihrem Leben sehr wichtig. Daher können sie Schnee in verschiedenen Zuständen oder Stadien mit unterschiedlichen Konzepten genau unterscheiden, sodass es bei den Eskimos mehr als hundert Wörter für Schnee gibt, wie z.B.:

aput = Schnee auf dem Boden	qana = fallender Schnee
piqsirpoq = aufgeschütteter Schnee	qimuqsuq = Schneehaufen
nutaryug = Neuschnee	kayi = schwimmender Schnee
mentlana = rosafarbener Schnee	sulitlana = grüner Schnee
kriyantli = Schneeziegel	tlamo = großer, feuchter Schnee
tlun = Schnee, der im Mondlicht funkelt	tlacringit = gefrorener Schnee auf der Oberfläche

Text 1: Sprache als Mittel des Informationsaustauschs

Kulturen unterscheiden sich in vielfältiger Hinsicht. Einer der augenfälligsten Unterschiede besteht sicherlich darin, welcher Sprache sich die Angehörigen einer Kultur vorwiegend bedienen. Im Vergleich zur jeweils eigenen Sprache zeichnet sich eine fremde Sprache durch andere Laute und Lautkombinationen aus, es werden andere Wörter benutzt und die Verkettung von Wörtern zu Äußerungen scheint sich nach anderen Organisationsregeln zu vollziehen. Gleichzeitig ist aber nicht zu übersehen, dass sich die einzelnen Individuen innerhalb jeder Kultur untereinander verständigen können und dass keine Kultur ohne die Verwendung von Sprache auskommt. So ist zu fragen, ob sich trotz der manifesten Vielfalt in allen Kulturen ähnliche Prinzipien der sprachlichen Kommunikation entdecken lassen oder ob die jeweilige Kultur Bedingungen schafft, welche die Sprachverwendung oder sogar die Denkstrukturen in entscheidender Weise modifizieren.

Während aber die Fähigkeit zur Sprache ein artspezifisches Merkmal darstellt, ist die konkrete Sprache, die ein Mensch spricht, in hohem Maße kulturspezifisch. Da die Kultur weitestgehend über Symbole tradiert wird, ist die Sprache ein „Vehikel der Kultur" (Hofstede, 2001, S. 5). In gewisser Weise ist die Sprache selbst sogar Teil der Kultur, da sie sich gleichzeitig mit der kulturellen Tradition herausgebildet hat (vgl. von Humboldt, 1988, S. 416–419). Ähnlich wie andere kulturelle Muster muss die jeweilige Sprache vom Individuum im Verlauf des Sozialisationsprozesses erworben werden, während sie ihrerseits auch schon vor der Geburt des Individuums existiert.

In jeder Gesellschaft muss das Individuum also spezifische Regeln des Sprachgebrauchs erwerben. Hierbei lässt sich unterscheiden zwischen sprachlichen Regeln im engeren Sinne, die stark von der jeweiligen Einzelsprache abhängen, und Regeln der Sprachverwendung oder sozialen Kommunikationsnormen (Herrmann & Grabowski, 1994, S. 445), die in weitaus geringerem Maße durch die jeweilige Sprache vorgegeben sind.

Sprachliche Regeln im engeren Sinne umfassen vor allem die phonologischen Regeln der Lautbildung, die morphologischen Regeln der Wortbildung, die syntaktischen Regeln der Satzkonstruktion und die semantischen Regeln der Wort- und Satzbedeutung. Die Regeln der Sprachverwendung oder sozialen Kommunikationsnormen werden in der Linguistik als „pragmatische" Regeln bezeichnet (Wierzbicka, 1991).

Damit sprachliche Äußerungen in verschiedenen Kulturen überhaupt auf Gemeinsamkeiten bzw. Unterschiede geprüft werden können, müssen sie grundsätzlich vergleichbar sein und damit in den verglichenen Kulturen bestimmte Äquivalenzen aufweisen. Tabelle 3.1 gibt eine Übersicht über die für den Kulturvergleich relevanten Merkmale.

Eine materiale Äquivalenz ist dann gegeben, wenn es sich um physikalisch oder linguistisch ähnliche Merkmale handelt. Bei der materialen Analyse der sprachlichen Kommunikation kann zwischen linguistischen und paralinguistischen Merkmalen unterschieden werden.

Eine funktionale Äquivalenz liegt vor, wenn die sprachliche Äußerung zu ähnlichen Zwecken eingesetzt wird und damit dem Vergleichsgegenstand ein vergleichbares psychologisches Konstrukt zugrunde liegt. Beispiele für solche Äquivalenzen wären etwa „Bitten" oder „Auffordern" sowie geschäftliche Verhandlungen oder Arzt-Patienten-Gespräche.

Tabelle 3.1: Linguistische und Paralinguistische Merkmale

Linguistische Merkmale		Paralinguistische Merkmale	
Makroebene	Wahl der Sprache (z.B. Muttersprache oder Verkehrssprache)	Stimme	Tonhöhe
			Stimmklang
			Sprechmelodie
			Lautstärke
Mikroebene	Wortwahl und Syntax	Sprechweise	Pausen und Schweigeperioden
			Störungen des Sprachflusses
		Gesprächseröffnung und -beendigung, Unterbrechungen	„hm", „ja" oder „so"

(Leicht geändert nach Hede Helfrich © Helfrich (2013), S. 125.)

Auch wenn Partner aus zwei Kulturen über eine gemeinsame Sprache verfügen, die ihnen die Verständigung erlaubt, kann es in beiden Kulturen verschiedene Konventionen darüber geben, wie bestimmte Mitteilungsabsichten realisiert werden. Zum Beispiel, wenn man in beiden Kulturen ...

a) mit einem Wort unterschiedliche Bedeutungen verbindet;
b) eine bestimmte Absicht mit unterschiedlichen sprachlichen Formen ausdrückt;
c) eine bestimmte Absicht unterschiedlich direkt ausdrückt;
d) unterschiedliche Erwartungen an den „normalen" Ablauf (die Phasen) eines bestimmten Gesprächstyps hat;
e) bei einem bestimmten Gesprächstyp unterschiedliche Erwartungen hat, welche Gesprächsthemen angesprochen oder vermieden werden (sollten);
f) in einer bestimmten Gesprächssituation unterschiedliche sprachliche Register (z.B. eher formelles oder eher informelles Register) für angemessen hält;
g) mit einer bestimmten Sprechweise (z.B. Stimm-, Tonlage) unterschiedliche Bedeutungen verbindet.

Quellen: Helfrich, Hede (2013). *Kulturvergleichende Psychologie*. Springer VS. S. 121–126.
Eismann, Volker (2007). *Erfolgreich in der interkulturellen Kommunikation*. Cornelsen Verlag, Berlin.

Text 2: Kommunikationsbegriff und „Organon-Modell" nach Bühler

Sprechen ist kein Selbstzweck. Normalerweise spricht man, um einen bestimmten anderen Zweck zu erreichen. Diese Zweckgerichtetheit teilt das Sprechen mit anderen menschlichen Handlungen. Ebenso wie bei diesen muss der Zweck dem sprechenden Individuum nicht notwendigerweise bewusst sein. Viele verschiedene Zwecke werden identifiziert, sie werden meist als „Funktionen" bezeichnet. Beispiele sind die Kennzeichnung der eigenen Identität, der Ausdruck innerer Zustände, die Regulation sozialer Handlungen und die Beeinflussung des Adressaten. Die Sprache wird hierbei als ein Werkzeug oder „Organon" (vgl. Bühler, 1987) zur Erreichung bestimmter Zwecke oder Ziele betrachtet.

Bühler weist in seinem „Organon-Modell" jedem sprachlichen Zeichen eine dreifache Funktion zu: Es ist erstens „Ausdruck" für Zustände des Senders, zweitens „Appell" an den Empfänger und drittens „Darstellung" von Gegenständen und Sachverhalten (vgl. Bühler, 1987).

Das kommunikative Ereignis selbst stellt sich, wie Paul Watzlawick es formulierte, als interdependentes Zusammenspiel von Inhalts- und Beziehungsebene dar: Der Inhaltsaspekt vermittelt die Daten, der Beziehungsaspekt weist an, wie diese Daten aufzufassen sind.

Eine Weiterentwicklung zeigt sich im Kommunikationsmodell nach Schulz von Thun (1999). Es baut auf der Sprechakttheorie (Searle, 1969) sowie der Kommunikationstheorie Watzlawicks (vgl. Watzlawick, 1990) auf, nach der jede Nachricht einen Inhalts- und einen Beziehungsaspekt aufweist. Der Inhaltsaspekt verweist auf das, was übermittelt wird, wohingegen der Beziehungsaspekt angibt, wie der Inhalt zu verstehen ist, d.h., ob er als Lob, Kritik, Bitte oder einfach nur als Erläuterung eines Sachverhaltes aufzufassen ist. Während der Inhaltsaspekt weitgehend der Darstellungsfunktion in Bühlers Modell entspricht, umfasst der Beziehungsaspekt neben der Ausdrucksfunktion („Selbstkundgabe") und der Appellfunktion („Appell") auch noch einen Beziehungsaspekt im engeren Sinne, der das gegenseitige Verhältnis der Kommunikationspartner zueinander beleuchtet.

Um es an einem Beispiel zu erläutern: Äußert jemand in einem Badesee „Ich fühle keinen Boden mehr", so kann dies unter den Aspekten der Darstellung, des Ausdrucks und des Appells betrachtet und verstanden werden. Im Hinblick auf die Darstellungsfunktion beschreibt die genannte Äußerung den Sachverhalt, dass der Sender nicht mehr stehen kann. Die Modulation, also die Art und Weise, wie die lautliche Äußerung vollzogen wird, fungiert zum einen als Ausdruck der Befindlichkeit des Senders (z.B. drückt sie einen Notfall aus oder in einer Variation auch die Freude, endlich schwimmen zu können), und zum anderen wird hierdurch der Appell an das Verhalten des Empfängers deutlich (z.B. Hilfe zu leisten oder ebenfalls ins Wasser zu kommen, um gemeinsam zu schwimmen).

Kommunikation wird in diesem Sinn nicht nur als handlungsauslösender Prozess verstanden, sondern erweist sich selbst als Handlungsbegriff – oder wie es dann in John Langshaw Austins 1962 posthum erschienener sprechakttheoretischer Schrift „How to do things with words" heißt: „Es ist also an der Zeit, die Frage ganz neu anzugehen. Wir wollen allgemeiner untersuchen, in wie verschiedener Weise etwas Sagen, etwas Tun bedeuten kann; in wie verschiedener Weise wir etwas tun, indem wir etwas sagen" (Austin, 1962, S. 110).

Symptomatisch für die frühe Sprechakttheorie wie für die meisten sprachwissenschaftlichen Theorien bis weit in das letzte Drittel des 20. Jahrhunderts hinein war allerdings, dass Kommunikation als linearer, vom Sender S an einen Empfänger E gerichteter Prozess verstanden wurde. Aufgrund der von S nach E (und nicht umgekehrt) ausgerichteten Untersuchungsperspektive wird dem Sender eine Täterrolle zugewiesen, während der Empfänger den Kommunikationsprozess quasi erleidet.

Obwohl uns heute (aufgrund veränderter gesellschaftlicher Kontextbedingungen) die soziale Asymmetrie eines in dieser Weise verstandenen kommunikativen Handelns vordergründig befremdlich erscheinen mag, braucht man nicht lange zu suchen, um dessen Relevanz zum Beispiel für unser sozial-, wirtschaftlich- und politisch-kommunikatives Handeln zu belegen.

Ein Beispiel aus den 1990er Jahren stellen die Transformationsprozesse in Osteuropa dar: Unter dem Banner der sogenannten Schock-Therapie wurden ökonomische Modelle westlicher Prägung in osteuropäische Länder übertragen und dort verankert, ohne dass über die Verträglichkeit der zugrunde liegenden individualistischen Denkweise mit den (u.a. aufgrund der orthodoxen Religion) durchweg kollektivistischen Denk- und Handlungsvoraussetzungen der Empfänger reflektiert worden wäre. Gleiches gilt für jede andere Form sogenannter globaler Kommunikation, die versucht, eine Botschaft mit weltweiter Gültigkeit von S nach E zu verbreiten beziehungsweise zu transmittieren.

Wird Kommunikation in diesem Sinne als Transmissionshandlung verstanden, ist sie durch Asymmetrie gekennzeichnet, weil der Empfänger selbst nicht die Möglichkeit hat, aktiv als Sender zu agieren. Man kann in diesem Fall auch von einer Form der Einbahnstraßenkommunikation sprechen.

Aus interkultureller Perspektive erweist sich der einem solchen Szenario zugrunde liegende Kommunikationsbegriff zwangsläufig als ethnozentrisch geprägt – und zwar aus der Sicht des Senders. Eine solche Definition des Kommunikationsbegriffs im Sinne einer Reiz-Reaktions-Handlung liegt übrigens der noch heute im Marketing äußerst populären Lasswell-Formel zugrunde: „Wer sagt was auf welchem Wege zu wem mit welcher Wirkung?". Die Kommunikationsrichtung verdeutlicht, dass es sich nicht um einen symmetrischen Prozess handelt.

Quellen: Bolten, Jürgen (2007). *Einführung in die Interkulturelle Wirtschaftskommunikation*. Göttingen. S. 16–17.
Helfrich, Hede (2013). *Kulturvergleichende Psychologie*. Springer VS. S. 130–131.

Text 3: Vier-Ohren-Modell

Damit enthält jede Nachricht vier Seiten. Der Sachinhalt gibt an, worüber gesprochen wird, die Selbstkundgabe liefert Auskunft über die Befindlichkeit des Sprechers, der Appell zeigt an, wozu der Gesprächspartner veranlasst werden soll, und die Beziehung beschreibt das Verhältnis der Interaktionspartner zueinander. Wenn wir einen Satz hören, verstehen wir ihn auf den oben genannten vier verschiedenen Ebenen.

Die vier Seiten der Nachricht müssen nicht immer offen zutage treten, sie können ebenso gut implizit in der Nachricht enthalten und manchmal nur unter Rückgriff auf den situativen Kontext zu erschließen sein. Vor allem aber sind notwendigerweise nicht alle vier Seiten in gleicher Weise und in gleichem Ausmaß präsent. Welcher der vier Aspekte jeweils betont bzw. abgeschwächt wird, variiert in Abhängigkeit von der Aufgabe, Person, Situation und Kultur.

Das klassische Beispiel für Schulz von Thuns Theorie ist der Beifahrer, welcher zur Fahrerin sagt: „Hey, die Ampel ist grün." Die Fahrerin wird je nach Ohr etwas anderes verstehen und unterschiedlich reagieren.

Auf der Inhaltseben heißt das, „die Ampel ist grün." Sie könnte es jedoch auch auf der Appelebene im Sinne eines „Komm schon, fahr doch!" als Befehl verstehen. Auf der „Beziehungsebene" könnte der Beifahrer zum Ausdruck bringen: „Brauchen Sie meine Hilfe?" Vielleicht handelt es sich aber auch um eine Selbstoffenbarung, das heißt, der Beifahrer sagt, „Ich habe es eilig, kannst du jetzt losfahren."

Die Betonung der vier Ebenen kann unterschiedlich gemeint und auch unterschiedlich verstanden werden. So kann der Absender die Attraktivität der Erklärung betonen, während die Empfängerin diese Beziehungsebene der Nachricht empfängt. Dies ist einer der Hauptgründe für Missverständnisse bei der Kommunikation.

Abbildung 3.1: Funktionale und materiale Aspekte der Kommunikation (Helfrich (2013), S. 131)

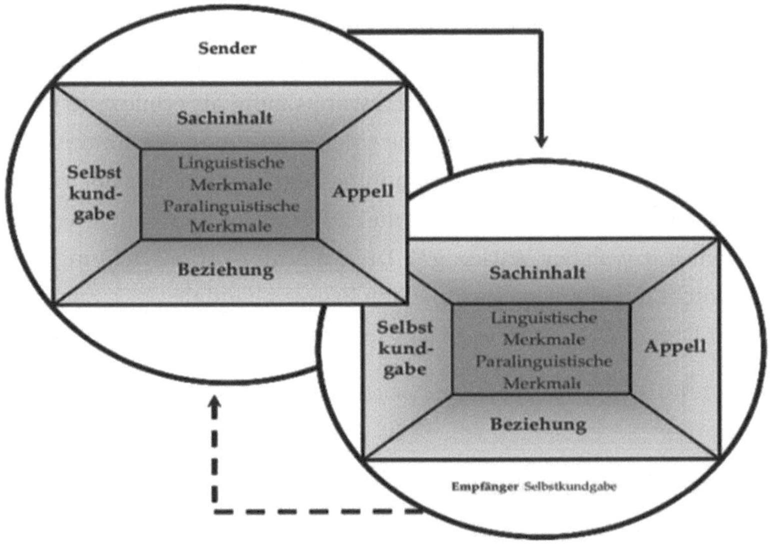

Der durchgezogene Pfeil verweist auf vom Sender zum Empfänger gerichtete Prozesse, der gestrichelte Pfeil auf vom Empfänger zum Sender gerichtete Feedback-Prozesse.
(Modifiziert nach: Schulz von Thun, F. [1999]. *Miteinander reden: Psychologie der Kommunikation.* Sonderausgabe. Reinbek bei Hamburg: Rowohlt Taschenbuch Verlag.)

Man kann davon ausgehen, dass jede Sprache prinzipiell die Möglichkeit bietet, die einzelnen Aspekte unterschiedlich zu gewichten. Welcher Aspekt aber in welcher Situation jeweils versprachlicht werden muss oder darf bzw. besser nicht explizit geäußert wird, ist durch soziale Normen geregelt. Solche Normen existieren in jeder Kultur, doch kann ihre jeweilige Ausprägung von Kultur zu Kultur variieren. Unter Rückgriff auf das Modell von Schulz von Thun kann die kulturelle Variation der Ausprägung systematisch untersucht werden.
(Mit freundlicher Genehmigung von Hede Helfrich © Helfrich (2013), S. 130–131.)

Weiterführende Literatur

Austin, J. L. (1962). *How to do things with words*. Oxford: Clarendon Press (Dt.: Zur Theorie der Sprechakte. Stuttgart 1982: Reclam).

Eismann, V. (2007). *Erfolgreich in der interkulturellen Kommunikation*. Cornelsen Verlag, Berlin.

Herrmann, T. & Grabowski, J. (1994). *Sprechen*. Heidelberg: Spektrum Akademischer Verlag.

Wierzbicka, A. (1991). *Cross-cultural pragmaties*. Berlin: Mouton de Gruyter.

Aufgaben

1. Welche Erklärung passt zu welchem Begriff?

a) modifizieren	1) Regel des Umgangs, des sozialen Verhaltens, die für die Gesellschaft als Verhaltensnorm gilt
b) phonologisch	2) die Paralinguistik betreffend, auf ihr beruhend
c) Äquivalenz	3) Theorie, deren Gegenstand die Analyse der Faktoren, Bedingungen und Regeln für das Verstehen und Gelingen von Sprechakten ist
d) Konvention	4) Zweck, der in etwas selbst liegt, der nicht auf etwas außerhalb Bestehendes abzielt
e) Sachverhalt	5) in einer oder mehreren Einzelheiten anders gestalten, ändern, abwandeln
f) paralinguistisch	6) seelischer Zustand, in dem sich jemand befindet
g) Selbstzweck	7) Gesamtheit von bedeutsamen Umständen, Tatsachen
h) Sprechakttheorie	8) die Phonologie betreffend, zu ihr gehörend, auf ihr beruhend
i) Befindlichkeit	9) dazu bringen, etwas zu tun
j) veranlassen	10) Gleichwertigkeit des Wahrheitsgehaltes, der Bedeutung zweier Aussagen

2. Beschreiben Sie Gespräche, die Sie in Ihrem beruflichen Alltag oder beim Studium mit deutschen oder chinesischen Partnern oder Partnerinnen zu führen haben.

Abstimmungsgespräch
Sie wollen mit Ihrem Partner Vorgehensweisen, Termine, Bedingungen usw. vereinbaren.

Besprechung
Sie wollen mit Ihrem Partner ein formal organisiertes, zielgerichtetes Gespräch (mit Gesprächsleitung) führen, um Informationen bzw. Meinungen auszutauschen, Entscheidungen zu fällen, Handlungspläne zu entwickeln usw.

Verkaufsgespräch
Sie wollen Waren oder Dienstleistungen verkaufen.

Verhandlung
Sie wollen ein entscheidungsorientiertes Gespräch führen, bei dem die ausländischen Verhandlungspartner versuchen, ihre unterschiedlichen Interessen durchzusetzen, allerdings mit dem Ziel, eine für alle akzeptable Lösung zu erreichen.

Konfliktgespräch
Sie versuchen als die direkt Betroffenen und ggf. unbeteiligten Dritten, Konflikte zu lösen, die sich bei der Zusammenarbeit ergeben haben.

Bewerbungsgespräch
Sie werden zu einem Interview eingeladen. Sie als der/die Bewerber/in für eine Stelle oder Funktion geben Auskünfte auf gezielte Fragen zu Person, Ausbildung, Karriere, beruflichen Zielen usw.

Mitarbeitergespräch
Sie wollen ein formalisiertes Gespräch zwischen Vorgesetzten und Ihnen unterstellten Mitarbeitern (u.a.) zur Beurteilung vergangener Aktivitäten, Festlegung zukünftiger Ziele und Aktivitäten, Planung der beruflichen Weiterentwicklung des Mitarbeiters usw. führen.

Alltagsgespräche
Sie wollen ein Gespräch über nichtberufliche Alltags- bzw. Standardthemen mit dem Ziel führen, den sozialen Kontakt herzustellen bzw. aufrechtzuerhalten und die gegenseitige Wertschätzung zu bestätigen.

Routinekontakte
Als Routinekontakte werden hier Gesprächsformen bezeichnet, die sich spontan im Rahmen der beruflichen Tätigkeit und Zusammenarbeit ergeben und die so in berufliche Vorgänge eingebettet sind, dass dabei häufig bestimmte Gesprächsphasen (z.B. einleitende und abschließende Gesprächsphasen, Erklärungen zu Anlass und Gegenstand) teilweise oder völlig entfallen können.
Zum Beispiel: Gespräche mit Mitarbeitern des eigenen Unternehmens oder mit externen Gesprächspartnern, bei denen Sie den Erstkontakt herstellen und sich vorstellen; Besucher und Gäste des Unternehmens empfangen; Informationen und Auskünfte einholen, anfordern, geben oder weiterleiten; über Ereignisse, Vorfälle, Vorhaben oder Ergebnisse berichten; Anweisungen erteilen, entgegennehmen oder weiterleiten; Bericht über die Ausführung von Aufgaben und Aufträgen erstatten; Termine absprechen, festlegen oder ändern; Vorgehensweisen, Aufgaben und Aufträge planen oder besprechen; Entscheidungen vorbereiten und treffen; Probleme klären und Lösungen besprechen; Buchungen, Bestellungen und Aufträge entgegennehmen oder tätigen; Nachfragen/Beschwerden und Anmahnungen entgegennehmen oder vorbringen.

Telefongespräch
Bei vielen der Gesprächstypen (1–9), insbesondere bei Routinekontakten, bedient man sich häufig auch des Telefons. Telefongespräche haben in der Regel standardisierte Abläufe und enthalten viele Routineformeln.

(nach: Weber, Becker, Laue.)

Kapitel 4
Kulturschock

Das „Trauma" Heimat

Lola Blonder

Immer wieder fragte ich mich: Was ist Heimat?
Gibt es Farben, Töne, Worte, um Heimat zu schildern?
Und doch ist es Teil deines „Seins"
Solange du auf Heimatboden lebst,
weißt du nicht, was du besitzt.
Wenn auch alle dich verlassen,
Heimat verlässt dich nicht,
neue Wege kannst du immer beschreiten,
verlorenes Glück in der Erinnerung aufleben lassen,
auf grünem Totenacker magst du mit deinen Lieben Zwiesprach halten.
So lange,
bis dich der Heimatboden aufnimmt zur ewigen Ruh.
Überall sonst … bleibst du ein Fremdling.

Text 1: Die Phasen des Kulturschocks

Expatriates sind im Ausland lebende Personen. Es handelt sich also um Menschen, die in einem Land leben, welches sie nicht als ihr Heimatland bezeichnen. Obwohl sich der Begriff „Expat" heutzutage in Wirtschaftskreisen etabliert hat und mittlerweile geschmeidig in die globale Sprache des Business einfügt, beschrieb man damit ursprünglich jede Art von Auslandsentsendung wie beispielsweise Ausgebürgerte, Menschen im Exil oder eben ausländische Arbeitskräfte. In Wirtschaftsunternehmen wird unter Expatriation die Auslandsentsendung von Mitarbeitern verstanden, die im Auslandseinsatz ihr Arbeitsverhältnis mit dem entsendenden Mutterunternehmen aufrechterhalten. Entsendungen sind Teil von Internationalisierungsstrategien eines Unternehmens. Eine Auslandsentsendung schließt in den meisten Modellen das gesamte Programmpaket an begleitenden Maßnahmen mit ein.

Expatriates reisen selten allein aus, in den meisten Fällen bricht die ganze Familie ihre Zelte im Heimatland für einen bestimmten Zeitraum ab und versucht, das Leben in einer fremden Umgebung neu zu organisieren. Während die entsendeten Mitarbeiter einen sanfteren Einstieg in die Fremde erleben – auf sie wartet Arbeit in demselben Unternehmen; Strukturen und Regelwerke der Organisation sind grundsätzlich bekannt – so begegnet das Fremde der mitreisenden Familie in einer lebensnäheren Intensität. Kinder müssen eingeschult werden, der Haushalt will organisiert werden, Sprache und Umgebung werden in viel elementarerer Weise relevant als beim Businessenglisch sprechenden Ehepartner.

Durch die zunehmende Globalisierung erleben wir eine Steigerung der Flexibilität und Mobilität bei Mitarbeitenden grenzüberschreitender Unternehmen. Auslandsentsendungen gehören zum Alltag von Managementpositionen und operativen Spezialisten. Waren sie einmal die Ausnahme, so werden Entsendungen immer mehr zur Regel. Diesem Trend folgend haben sich auch Beratungs- und Trainingsinstitute der Interkulturalität, dem interkulturellen Lernen, der interkulturellen Kommunikation und der interkulturellen Kompetenz angenommen. Der Markt ist voll von Angeboten zu diesen Themen. Beratungsfirmen haben ihr Portfolio um das Interkulturelle ergänzt, haben im Ausland Niederlassungen gegründet, die sich durch das Kürzel „international" vom Mutterstandort unterscheiden. Beraterkollegen begegnen einander in Englischkursen wieder. Wer das Businessenglisch schneller beherrscht, hat auch am Markt die Nase vorn.

Die Programme, die zur Vorbereitung auf einen Auslandseinsatz angeboten werden, weisen oft ähnliche Inhalte auf. Neben Sprachtraining werden hauptsächlich kulturspezifische Sitten und Gebräuche vermittelt, um dem ins Ausland Gehenden möglichst viele Fettnäpfchen zu ersparen. So wird vor allem im asiatischen Raum immer wieder auf den Austausch von Visitenkarten hingewiesen oder auf andere kultureigene Besonderheiten, denen Aufmerksamkeit zu widmen ist.

Begleiten wir einen zukünftigen Auslandsentsandten (einen Mitarbeiter, eine Mitarbeiterin aus dem Management oder aus dem operativen Bereich eines Unternehmens, einen Auslandszivildiener, eine Austauschstudentin, einen Projektleiter, einen Offizier, ...) und passieren wir mit ihm oder ihr die verschiedenen Stationen und Phasen einer Auslandsentsendung: Bewerbung – Auswahl – Vorbereitung – Akkulturation – Rückkehr – Repatriation oder Reintegration.

Eine Studie von Gullahorn & Gullahorn (1963), die US-amerikanische Austauschstudierende nach ihrer Rückkehr interviewten, fanden folgenden Stimmungsverlauf eines Auslandsaufenthaltes während und nach der Rückkehr heraus:

Die „W"-Kurve (so genannt, weil ihr Verlauf dem Buchstaben W ähnelt):

Abbildung 4.1: W-Kurve

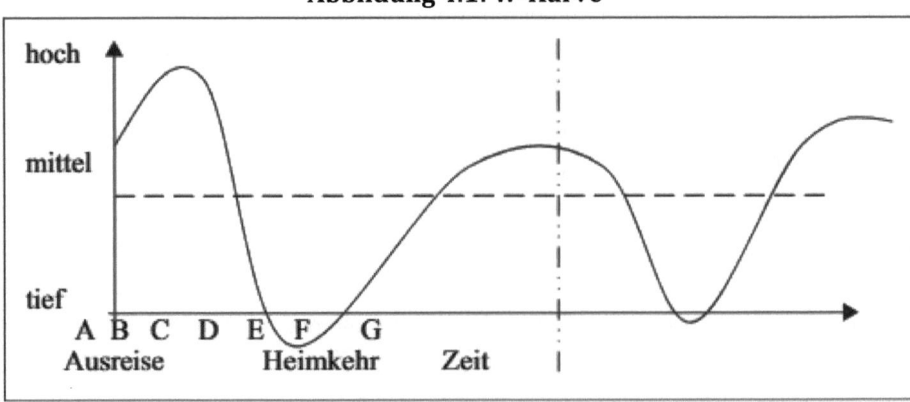

Auf der Y-Achse der Kurve wird die Qualität der Stimmungen und Befindlichkeiten von Personen abgebildet. Die zeitliche Dimension ist auf der X-Achse dargestellt. Während einer Auslandsentsendung, aber auch in der Zeit danach sind die Entsandten Stimmungsschwankungen ausgesetzt, die im „normalen" Leben nicht in dieser Form auftreten. Vermutlich sind diese Schwankungen mit der Begegnung und dem Umgang mit dem Fremden in Verbindung zu bringen, wobei der Expat das Fremde durchaus in unterschiedlichen Facetten erfährt: Das eigentliche Fremde, wenn er oder sie eine andere Kultur betritt und erlebt, und das uneigentliche Fremde, wenn er oder sie wieder in die Heimat zurückkehrt und das eigentlich Gewohnte auf einmal als fremd wahrnimmt.

Die Autoren unterteilen eine Auslandsentsendung in verschiedene Phasen, die sich durch die in ihr erlebten Stimmungen und Befindlichkeiten unterscheiden.

- Phase „A" beschreibt die Zeit unmittelbar nach der Ankunft im Ausland und die ersten Entdeckungen. Die fremde Kultur erscheint positiv. Auf das Neue reagieren die Angekommenen mit Begeisterung und Wissensdurst.
- Phase „B": Ernüchterung und Enttäuschung lösen die erste Hochstimmung ab, störende und negative Seiten der fremden Kultur fallen auf. Was immer die Auslandsentsandten als anders wahrnehmen und erleben, kritisieren sie und vergleichen es mit dem, was sie zurückließen. In der Erinnerung erscheint das eigene Herkunftsland in einem verklärten Licht. Diese Anspannung, gepaart mit Zweifeln („Was habe ich mir nur dabei gedacht, als ich mich für diese Auslandsentsendung entschieden habe?"), mündet schließlich in:
- Phase „C": Spannungen führen zu Streit und Stress. Die Autoren nennen diesen Zustand Kulturschock. Plötzlich wird einem klar, dass das Andere kein Abenteuer mehr ist, sondern das neue Leben.
- Phase „D": Die Expats gewöhnen sich ein. Man wird ein wenig vertrauter mit dem Neuen, das Fremde verliert seine Bedrohlichkeit, fällt nicht mehr auf. Der Alltag etabliert sich, unbemerkt verändert man sich selbst. Schleichend passt man sich an die neue Umgebung an, lernt die Leute dort kennen, bekommt Kontakt zur fremden Kultur, deren Verhaltensregeln nach und nach internalisiert werden. In besonders fremden Kulturen wie beispielsweise China findet man Anschluss in Communities, in denen sich Ausländer versammeln, bis man sich schließlich in:
- Phase „E" befindet und sich zu Hause fühlt. Man hat sich eingewöhnt. Die Vor- und Nachteile beider Kulturen können realistisch gesehen werden.
- Phase „F" beschreibt die Zeit unmittelbar nach der Rückkehr. Tatsächlich wird man aus seinem neuen Leben herausgerissen, muss von lieb gewonnenen Menschen und Gewohnheiten Abschied nehmen. Es ist meist ein Abschied für immer. Anders als beim Verlassen der Heimat, in die man ja vorhatte zurück-

zukehren, gibt es hier keine Rückkehrgarantie. Diese emotionale Erschütterung wird abgefedert durch die Vorfreude auf die Heimkehr, all die Personen wieder zu treffen, die man seinerzeit zurückgelassen hatte. Umso heftiger erleben Expats den Rückkehrschock: Unerwartet erkennt man die eigenen Veränderungen und die der anderen. Als Fremder in der Heimat verliert man den Boden. Der einstige Arbeitsplatz ist längst mit anderen besetzt, nicht jeder Wiedereinstieg ist eine Verbesserung. Der Entscheidungs- und Handlungsspielraum, den man u. U. im Ausland hatte, ist nicht mehr gegeben, man fühlt sich eingeengt.

- Phase „G": Manchen gelingt die Integration in der Heimat, dann gibt es auch diese Phase „G". Das Gleichgewicht zwischen neuen und alten Werthaltungen ist hergestellt, man fühlt sich wieder wohl in der alten Heimat. Andere sind längst auf einer neuen Auslandsentsendung. Spätestens nach drei Monaten wird man unruhig und reagiert auf den Schock, indem man Perspektiven in einer neuen Fremde sucht. Ex-Expats verbringen ihre Zeit mit Suchprozessen und Bewerbungsschreiben.

Aus gruppendynamischer Perspektive betrachtet verlassen Personen Orte ihrer Zugehörigkeit; ihre Freundeskreise, ihre Kollegen, die Organisationseinheit, in der sie sich als Mitglied einer Gruppe etabliert haben. Der Verlust wird von beiden Seiten irgendwie und irgendwann verarbeitet; die Lücke bei den Zurückgebliebenen wird wieder geschlossen, die Beziehungen im Herkunftssystem werden sich neu sortieren und stabilisieren. Für die Weggehenden ist der Blick vermutlich nach vorne gerichtet, Vorbereitungen beherrschen den Alltag und erlauben wenig Zeit für den Abschied. Die Zukunft übt Faszination aus, wohl eine Mischung aus Vorfreude auf das Neue und Angst vor dem Unbekannten. Im Gastland angekommen, beginnt ein mühsamer Prozess der Integration in das Neue, in ein neues Team, in eine neue Organisationseinheit, in eine neue Kultur. Neue Zugehörigkeiten werden geschaffen und etablieren sich, bis dann der Ort wieder verlassen wird, eine neue Desintegration bewältigt werden muss und eine Rückkehr in ein System bevorsteht, in das man erst wieder reintegriert werden sollte. Mittlerweile ist die Person jeder Gruppe ein bisschen zugehörig und keiner Gruppe ganz. Der Gewinn von Interkulturalität und Mehrfachzugehörigkeiten verursacht gleichzeitig eine Nichtzugehörigkeit und erschwert jede weitere Integration. Aus der Sicht der Systeme betrachtet, in die ein Expat hinein- und wieder hinausintegriert werden muss, ist diese Veränderung jedes Mal ein gruppendynamischer Kraftakt.

Tabelle 4.1: Selbst- und Fremdwahrnehmung in der Kulturdifferenz

	„Uns" – der eigenen Kultur bekannt	„Uns" über die eigene Kultur nicht bekannt
Den anderen über die eigene Kultur bekannt	I Gemeinsamer Kontext (Organisation) Gemeinsames Wissen Stereotypien Lingua Franca	II Vorurteile der anderen über unsere Kultur Blinder Kultur-Fleck Fettnäpfchen Was andere über meine Kultur wissen und denken „cross cultural awareness"
Den anderen über die eigene Kultur nicht bekannt	III Vorurteile über die andere Kultur Das Befremdende, aber nicht Geäußerte Das Verunsichernde, aber nicht Geäußerte Das die eigene Kultur betreffende, aber aus Scham oder Anpassungsdruck nicht Gesagte. Die eigene Muttersprache Die eigene „cultural awareness"	IV Kulturunbewusstes Kollektiv Unbewusstes Hinweise auf die andere Kultur finden wir in uns selbst, unseren Ängsten und Abwehrmechanismen

Quellen: Gullahorn, I.T. & Gullahorn, I.E. (1997). Von der Vision zur Praxis. In: Kopper, E. & Kiechl, R. (Hrsg.), *Globalisierung Methoden und Ansätze zur Entwicklung interkultureller Kompetenz*. Zürich.
Lackner, Karin (2008). Expatriation: Entsendung ohne Wiederkehr? In: *Gruppendynamik & Organisationsberatung*. S. 64–87.

Text 2: China-Kompetenz

„China-Kompetenz" umfasst all jene Fähigkeiten und Kenntnisse, die für eine erfolgreiche Kooperation mit China entscheidend sind. Diese Definition des Bundesministeriums für Bildung und Forschung beinhaltet neben Sprachkenntnissen und interkulturellen Fähigkeiten auch „Basiswissen zu Wirtschaft, Politik, moderner Geschichte und Gesellschaft" sowie berufsspezifisches Fachwissen (BMBF 2016). Für den Großteil der mehr als fünfzig befragten Experten aus Wirtschaftsverbänden, gesellschaftlichen Vereinigungen, Politik und Verwaltung ist China-Kompetenz enger gefasst: Sie verstehen darunter vor allem Sprachkenntnisse und chinaspezifische interkulturelle Handlungskompetenzen. Zugleich betonten die Gesprächspartner, wie wichtig längere Aufenthalte vor Ort für die Aneignung von China-Kompetenz seien. In der Praxis stellt sich häufig die Frage, ob der fachlichen Expertise oder dem Erwerb von Sprachkenntnissen und interkulturellen Kompetenzen mehr Beachtung geschenkt werden soll. Die Kombination von beidem entwickelt sich insbesondere angesichts begrenzter Zeit und Aufnahmefähigkeit von Individuen häufig zu einem Dilemma: Vor allem Studierende und Berufseinsteiger fragen sich daher, was sie priorisieren sollen. Berufserfahrenen stellt sich diese Frage hingegen nur selten, denn es fehlt in den meisten Fällen die Freistellung und damit die Zeit, sich mit dem Spracherwerb auseinanderzusetzen. Bezüglich des berufsspezifischen Fachwissens unterstrich eine Mehrheit der Befragten, dass Fachkenntnisse in der Zusammenarbeit mit China nicht von Grund auf neu erworben, sondern lediglich durch die chinesischen Besonderheiten angereichert werden müssten. Dies birgt große Herausforderungen, denn viele Informationen sind nicht in deutscher Sprache verfügbar oder nicht verständlich aufbereitet.

Die Anpassung des Fachwissens ist ohne vertiefte Sprachkenntnisse oder interkulturelle Kompetenz daher nur schwer zu leisten. Den Bedarf an China-Kompetenz bewerteten befragte Experten sehr unterschiedlich. Sprachkompetenz stand neben Basis- und fachspezifischem Wissen für alle im Mittelpunkt. Den größten Bedarf sehen die Vertreter von Wirtschaftsverbänden: Sie benötigen Informationen über Ansprechpartner, ein Grundverständnis der Gestaltungs- und Machtstrukturen in China sowie Kenntnisse über staatliche Pläne, Förderinstrumente und rechtliche Rahmensetzungen. Ein weitgehend einheitliches Bild zeigt sich bei den Antworten zur Deutschland-Kompetenz von Chinesen. Die meisten Befragten bescheinigen ihren chinesischen Gegenübern eine große Deutschland-Kompetenz, die ihr eigenes Wissen über China für gewöhnlich übertreffe. Dies machen sie in erster Linie an ausgezeichneten Sprachkenntnissen ihrer chinesischen Gesprächspartner fest. Letztere haben diese meist im Rahmen längerer Studienaufenthalte in Deutschland erworben.

Motivation und Zugang: Positive Erfahrungen mit China

Wiederholt wiesen für dieses Projekt befragte Gesprächspartner darauf hin, dass das oft wenig fundierte oder ausgewogene Chinabild in der deutschen Öffentlichkeit (und in den deutschen Medien) kaum dazu beitrage, Interesse an Land und Sprache zu wecken. Einige der befragten Experten sahen insbesondere die Entwicklung der deutsch-chinesischen Wirtschaftsbeziehungen sowie die wachsende Zahl chinesischer Muttersprachler unter den Schülern als positive Impulsgeber für die zukünftige Entwicklung des Fachs. Zwei Interviewpartner betonten, dass Deutschland bereits mittelfristig mehr Kulturvermittler benötige, die Chinesisch auf Verhandlungsniveau beherrschen und/oder hervorragende Lesekompetenz besitzen. Chinesisch-Kenntnisse auf einem entsprechenden Niveau gelten als wichtige außerfachliche Kompetenz und evtl. sogar als ein Alleinstellungsmerkmal auf dem Arbeitsmarkt. Entscheidend für Interesse und Lernmotivation sind jedoch auch positive persönliche Erfahrungen mit der chinesischen Kultur, mit der es im deutschen Alltagsleben (noch) sehr wenige Berührungspunkte gibt. Trotz teilweise erheblicher Herausforderungen, wie dem hohen Organisationsaufwand und Finanzierungsschwierigkeiten, betonen alle befragten Lehrkräfte: Austausch und Schulpartnerschaften sind wichtige Instrumente, um Lernmotivation zu wecken und zu fördern. Betont wird allerdings die Notwendigkeit der fachlichen Einbindung sowie stimmiger inhaltlicher und didaktischer Konzepte.

Direkte Kontakte zu ermöglichen ist auch eine Zielsetzung des Fremdsprachenassistenzkräfte-Programms (FSA): Bei deutschen Schülern stärke es nicht nur die sprachliche Kompetenz, sondern steigere darüber hinaus die Motivation, Chinesisch zu lernen, weil der Kontakt zu jungen Chinesen eine authentische Erfahrung mit China biete und Wissen über das Land vermittele. Individuelle Faktoren, die eine erfolgreiche Wirkung des Schulfachs Chinesisch auf eine spätere Wissensnutzung indizieren, sind aus Lehrersicht zum einen die Dauer des Unterrichts und die erreichte Niveaustufe. Ausschlaggebend sind aber auch Engagement, Persönlichkeit und didaktische Kompetenz der Lehrkräfte. Es besteht ein Bedarf an didaktisch-methodisch versierten Lehrerinnen und Lehrern, die ihre Schüler ermutigen und sie zum selbständigen Lernen motivieren können, insbesondere falls außerschulische Einsatzmöglichkeiten der Sprache fehlen. Ein von Berufspraktikern oft betontes Entwicklungshemmnis ist die mangelnde Kontinuität in der Sprachausbildung. Ideal – wenn auch nicht leicht umsetzbar – wären durchgehende Angebote für Chinesisch-Lernende vom Kindergarten bis zur Universität: Schüler, die bereits in der Grundschule Chinesisch lernen, brauchen nahtlose Anknüpfungsmöglichkeiten im Sekundarbereich, Abiturienten mit Chinesisch-Kenntnissen wiederum Fortsetzungsmöglichkeiten an den Universitäten. Derzeit ist insbesondere der Übergang zwischen Schule und Universität jedoch oft schwierig, da das Niveau der universitären Sprachkurse entweder zu anspruchsvoll (beim Einstieg in höhere Semester) oder zu leicht und somit demotivierend ist. Im tertiären Bildungsbereich fehlen ausreichend Angebote für Chinesisch für Fortgeschrittene, wenn an eine entsprechende Grund-Sprachausbildung in der Schule angeknüpft werden kann. Die Mehrheit der befragten Lehrkräfte und Experten wünscht eine Entwicklung von Chinesisch „zum ganz normalen Schulfach". Um die Präsenz von Chinesisch als Schulfach bundesweit auszubauen, müssen alle Beteiligten – Schüler, Eltern, Schulleitungen und Behörden – den Stellenwert sprachlicher und interkultureller China-Kompetenz für das Verständnis sich wandelnder internationaler Zusammenhänge und das künftige Berufsleben erkennen.

Quelle: Stepan, Matthias & Frenzel, Andrea, (2021). *Wege zu mehr China-Kompetenz.* Springer VS. Wiesbaden.

Text 3: Deutschland-Kompetenz

Es entspricht dem weltweit verbreiteten Zeitgeist des 21. Jahrhunderts, dass sich bislang philologisch orientierte Fächer wie die Sinologie in Deutschland oder in anderen Ländern ebenso wie die Germanistik in China fragen lassen müssen, auf welche Tätigkeitsbereiche sie ihre Absolventen vorbereiten und welche Kompetenzen sie ihnen für diese Tätigkeiten mit auf den Weg geben. Dabei scheint sich seit einiger Zeit die Auffassung durchzusetzen, dass sich die genannten Disziplinen in Zukunft weitaus weniger als in der Vergangenheit als Philologien, sondern eher als Regionalwissenschaften bzw. Area Studies neu erfinden und sich nicht mehr primär mit Sprache und Literatur eines Landes oder einer Sprachgemeinschaft, sondern mit den regionalen politischen, historischen, wirtschaftlichen und kulturellen Spezifika beschäftigen sollten. Den Absolventen entsprechender Studiengänge sollten demnach künftig auch weniger Fähigkeiten zur Analyse sprachlicher und literarischer Phänomene, sondern eher umfassende regionale Kenntnisse, Fähigkeiten und Fertigkeiten nahegebracht werden, oder anders gesagt: Der Sinologie habe es um eine umfassende China-Kompetenz, der Germanistik hingegen um eine ebenso umfassende Deutschland-Kompetenz zu gehen.

Wo findet Kultur statt?
Die klassische Antwort, wie sie beispielsweise Edward T. Hall schon in den 1950er Jahren formulierte, lautet: Kultur findet hinter meinem Rücken statt, sie prägt oder determiniert mein Verhalten, ohne dass ich es überhaupt bemerke oder es mir bewusst wäre. Nach der hier vertretenen Auffassung findet „Kultur" aber nicht im Verhalten statt, das von bestimmten vorbewussten „Prägungen" gelenkt wird, sondern dort, wo es um Sinnzuschreibung und Interaktion geht, also im symbolischen Handeln, und hier wiederum vor allem im wichtigsten Symbolsystem, das uns zur Verfügung steht: in der Sprache. „Sprache" meint hier aber nicht das sprachliche System, also Grammatik und Wortschatz, sondern primär den Sprachgebrauch im Diskurs. Jede sprachliche Äußerung, jeder Text, jede sprachliche Interaktion macht von der symbolischen Ordnung Gebrauch, als die man „Kultur" ja definiert hat, denn jede symbolische Handlung vertraut darauf und muss darauf vertrauen, dass sie von anderen nachvollzogen und verstanden werden kann. Das wird sie jedoch nur, wenn die Interaktionspartner nicht nur über einen gemeinsamen sprachlichen Code, sondern auch über die in die symbolische Handlung implizit eingehenden und als selbstverständlich und allgemein bekannt vorausgesetzten Wissensressourcen verfügen. Damit ist die Sprache, sind mündliche Äußerungen, Texte, Bilder, Medien usw., kurz: ist der Diskurs der Ort, von dem aus sich Kultur erforschen und erlernen lässt.

Was heißt „deutsche Kultur"?
Diese Frage ist mit der vorhergehenden Ausführung schon fast beantwortet. Während eine traditionelle Auffassung, wie wir sie etwa aus dem Diskurs über Interkulturalität kennen, die Pluralität von „Kulturen" in der Regel an der Pluralität ethnisch-nationaler Identitäten festmacht und letztere als „objektive" Größen auffasst, gehe ich zunächst einmal davon aus, dass „Kultur" eine universale und damit singularische Größe ist, die intersubjektive Verständigung überhaupt erst ermöglicht. Dass Verständigung auch scheitern kann, weil die betreffenden Interaktionspartner z. B. nicht über ein ausreichendes Maß an gemeinsamen Wissensressourcen verfügen und daher nicht zu einer geteilten Situationsdefinition kommen, ist nicht trivial. Aber Scheitern oder Gelingen von Interaktionen hängen nicht, wie man lange angenommen hat und teilweise noch annimmt, von ethnischen oder gar nationalen Kategorien ab.

Denn dass auch die Interaktion zwischen Menschen gleicher nationaler „Zugehörigkeit" kläglich scheitern und die Interaktion zwischen Deutschen und Chinesen gelingen kann, ist ja nicht weniger trivial. Gelingen und Scheitern sind vor allem davon abhängig, ob und in welchem Maß die Interaktionspartner auf vergleichbare Wissensressourcen zurückgreifen können, d.h., über vergleichbare Erfahrungen und Erinnerungen in dem Bereich verfügen, der Gegenstand der Interaktion ist. Deswegen hat ein deutscher Atomphysiker mit einer deutschen Kassiererin beim Discounter wahrscheinlich weniger gemeinsame Deutungsressourcen als mit seinem chinesischen Kollegen. So gesehen müssen wir „Kultur" als eine Deutungsressource auffassen, die zunächst einmal in eben dem Maß von Individuum zu Individuum verschieden ist, in dem sich Individuen hinsichtlich ihrer Zugehörigkeit zu sehr vielen sozialen Gruppen und ihrer Partizipation an vielen verschiedenen Diskursen unterscheiden. Wenn das aber zutrifft, ist kaum erkennbar, was ein Ausdruck wie „deutsche Kultur" überhaupt noch bedeuten könnte.

Wenn wir den Begriff dennoch verwenden, dann hat dies zum einen gewissermaßen institutionelle Gründe: Als Vertreter eines akademischen Faches wie der Germanistik sind wir ja nicht für alles zuständig, sondern haben einen bestimmten Gegenstandsbereich, man könnte also sagen, wir beschäftigen uns mit dem Ausschnitt der „Kultur", wie er uns im Kontext des Deutschen, genauer: der deutschen Sprache entgegenkommt. Aber für diese Eingrenzung gibt es über die institutionellen Gründe hinaus auch sachliche Ursachen. Wir haben ja gesehen, dass „Kultur" vor allem in symbolischen Handlungen und hier wiederum besonders in der Sprache, im Sprachgebrauch, im vornehmlich auf der Basis der Sprache funktionierenden Diskurs stattfindet. Obwohl man sicherlich zugestehen muss, dass es sich bei Begriffen wie „deutsche Sprache" tatsächlich nicht weniger um Konstrukte und Abstraktionen handelt, die sich bei genauerem Hinsehen in eine unendliche Vielzahl von Äußerungen auflösen, so kann und muss man doch mit einem solchen Konstrukt arbeiten. Wenn wir also noch von „deutscher Kultur" sprechen wollen, dann meinen wir damit eben nicht bestimmte „typische" Verhaltensweisen „der Deutschen" oder eine „allen Deutschen" gemeinsame Mentalität, sondern beziehen uns auf die Bedeutungen oder „symbolischen Ordnungen", die in deutschsprachigen Diskursen verwendet, hergestellt und ausgehandelt werden.

Quelle: Altmayer, Claus (2021). *Vermessung der „deutschen Kultur"? Zur disziplinären Neubestimmung der internationalen Germanistik als Kulturwissenschaft.* Springer VS. Wiesbaden.

Weiterführende Literatur

Altmayer, Claus (2021). *Vermessung der „deutschen Kultur"? Zur disziplinären Neubestimmung der internationalen Germanistik als Kulturwissenschaft*. Springer VS. Wiesbaden.

Gullahorn, I.T. & Gullahorn, I.E. (1997). Von der Vision zur Praxis. In: Kopper, E. & Kiechl, R. (Hrsg.), *Globalisierung Methoden und Ansätze zur Entwicklung interkultureller Kompetenz*. Zürich.

Lackner, Karin, (2008). Expatriation: Entsendung ohne Wiederkehr? In: *Gruppendynamik & Organisationsberatung*. S. 64–87.

Stepan, Matthias & Frenzel, Andrea (2021). *Wege zu mehr China-Kompetenz*. Springer VS. Wiesbaden.

Aufgaben

1. Welche Erklärung passt zu welchem Begriff?

a) ausbürgern	1) das Zurückführen von Kriegs- oder Zivilgefangenen in die Heimat
b) Repatriant	2) jmdm. [gegen seinen Willen] die Staatsangehörigkeit aberkennen, entziehen: sie wurde unter Honecker ausgebürgert.
c) internalisieren	3) weiter bestehen lassen: den Kontakt [mit jmdm.]
d) aufrechterhalten	4) Gesamtheit, Sammlung von Regeln: ein kompliziertes R.
e) schleichend	5) das Aufhören eines [Begeisterungs]rausches
f) Regelwerk	6) (ein schulpflichtiges Kind) [zum ersten Mal] in einer Schule zum Unterricht anmelden, es in eine Schule aufnehmen
g) Bedrohlichkeit	7) Zivildienstleistender im Ausland
h) Auslandszivildiener	8) (Werte, Normen, Auffassungen o. Ä.) übernehmen u. sich zu eigen machen
i) Ernüchterung	9) unmittelbare Gefahr ankündigend, beängstigend
j) einschulen	10) allmählich, fast unbemerkt beginnend u. sich ausbreitend u. verstärkend

2. Sätze bilden

Bilden Sie aus den Verben, Adjektiven und Nomen eigene Beispielsätze.

   ausbürgern, ausgebürgert, f. Ausbürgerung

   aufrechterhalten, aufrechterhalten (Adj.), f. Aufrechterhaltung

   einschulen, eingeschult, f. Einschulung

   ernüchtern, ernüchtert, f. Ernüchterung

   bedrohen, bedroht, bedrohlich, f. Bedrohung, f. Bedrohlichkeit

   schleichen, schleichend, geschlichen, f. Schleicher

   internalisieren, internalisiert, f. Internalisierung

3. Beschreiben Sie die sieben Phasen des Kulturschocks in Stichworten.

Phase A:

Phase B:

Phase C:

Phase D:

Phase E:

Phase F:

Phase G:

_____
_____
_____
_____

4. Diskutieren Sie: Welche Einflussfaktoren sind für einen Auslandsaufenthalt entscheidend?

5. Aufsatz schreiben.

Herr Li, 25 Jahre alt, studierte Maschinenbau in Shandong, hat einen Master-Abschluss, geht zum Promotionsstudium für vier Jahre nach Deutschland.

Verfassen Sie einen Aufsatz/eine kurze Erzählung darüber, wie Herr Li die sieben Phasen des interkulturellen Austauschs in Deutschland erlebt.

- *Schreiben Sie Herrn Lis Geschichte zu diesen sieben Phasen.*
- *Der Text sollte mindestens 800 Wörter haben (ca. 2 Seiten).*
- *Diskutieren Sie bitte in der nächsten Stunde gemeinsam über Ihre Texte!*

Kapitel 5
Interkulturelle Kompetenz

Im interkulturellen Paradigma in der chinesisch-deutschen Wirtschaftskommunikation hat sich „interkulturelle Kompetenz" zu einem der zentralen Begriffe entwickelt. Zahlreiche wissenschaftliche Publikationen in Deutschland unterstreichen die Bedeutung von interkultureller Kompetenz und postulieren, dass sie wichtig und notwendig ist für die Völkerverständigung, erfolgreiches Zusammenleben innerhalb der multikulturellen Gesellschaft (Fischhaber, 2002, S. 2) und für produktive internationale Zusammenarbeit (Thomas, 2002, S. 24). Die meisten Forschungsergebnisse chinesischer Wissenschaftler konzentrieren sich auf den Anwendungsbereich der „interkulturellen Kompetenz" von Studierenden, besonders solche mit Fremdsprachenkenntnissen. Zhang Hongling (2020) schlägt ein theoretisches „Vier-Drei-Zwei-Eins"-Modell vor. Das Modell bezieht sich auf die vier Perspektiven (kommunikatives Verhalten, zwischenmenschliche Beziehungen, kulturelle Konflikte, Identität), drei Dimensionen (kognitives Verständnis, emotionale Einstellungen, Verhaltensfähigkeiten), zwei Kontexte (Lebenskontext, Arbeitskontext) und eine Plattform (Fremdsprachenunterricht). Die chinesische Wissenschaftlerin Pan Yaling (2008) schlägt ein Drei-Kategorien-Modell der interkulturellen Kompetenzentwicklung vor, das auf empirischen Untersuchungen beruht. Die drei Kategorien beziehen sich auf die Entwicklung von Ethnozentriertheit zu Ethnorelativität, Erweiterung und Vertiefung des Wissens und Verstehens der eigenen und fremden Kultur sowie Förderung interkultureller Handlungskompetenz während des Germanistikstudiums.

Es gibt immer mehr wissenschaftliche Arbeiten, die sich mit Bedingungen, Erscheinungsformen und Wirkungen interkultureller Kompetenz wie auch mit Entwicklung, Qualifizierung und Evaluation von Verfahren zum Aufbau von interkultureller Kompetenz befassen (Thomas, 2003a, S. 141; Rathje, 2006, S. 1ff). Hierzu merkt Yaling an, dass „Kompetenz" eher ein euro-amerikanischer als ein chinesischer Begriff ist, der mehr ziel- und ergebnisorientiert als prozessorientiert zu sein scheint. Problematisch ist zudem, dass der Begriff „interkulturelle Kompetenz" mit einem Erfolgskriterium versehen wird (Pan, 2008, S. 35). Interkulturelle Kompetenz soll erst dann gegeben sein, wenn die andere Kultur – nachdem sie aufgrund des „interkulturellen Lernens" verstanden wird – auch respektiert, gewürdigt, wertgeschätzt und anerkannt wird (Herzog, 2003, 178).

Der Kulturwissenschaftler Jürgen Bolten definiert interkulturelle Handlungskompetenz deshalb als „übergreifende internationale Handlungskompetenz, die sich aus den interdependenten Bereichen der individuellen, sozialen, fachlichen und strategischen Kompetenz konstituiert und interkulturelle Kompetenz dabei gleichsam als Bezugsrahmen versteht" (Bolten, 2001, S. 915). In der Praxis äußert sich interkulturelle Kompetenz seines Erachtens auf drei unterschiedlichen Ebenen (vgl. Bolten, 2001, S. 915 f.):

- kognitive Ebene: Wissen, Kenntnisse, Erfahrungen, Verstehen;
- affektive Ebene: Werte, Einstellungen, Empfindungen;
- verhaltensbezogene Ebene: Fähigkeiten, Fertigkeiten, Handeln.

Der Begriff der interkulturellen Kompetenz beschreibt somit mehr als die Fähigkeit, erfolgreich mit Individuen und Gruppen anderer Kulturen zu interagieren. Eine Person gilt als interkulturell kompetent, wenn sie bei der Zusammenarbeit mit Menschen aus fremden Kulturen deren spezifische Konzepte der Wahrnehmung, des Denkens, Fühlens und Handelns erfasst und begreift. Dabei werden frühere Erfahrungen möglichst frei von Vorurteilen berücksichtigt und erweitert.

Text 1: Fachkompetenz

Fachkompetenz ist die Befähigung zur Lösung fachbezogener Sach- und Arbeitsaufgaben. Diese umfasst neben theoretischen Kenntnissen auch praktisch anwendbares Handlungswissen und erfordert intellektuelle sowie handwerkliche Fähigkeiten und Fertigkeiten. Diese können durch Lernprozesse erworben, antrainiert und verändert werden. Die Hauptvoraussetzungen, um sich zusätzliche Kompetenzen anzueignen, sind ein umfangreiches Grundwissen und solide Grundfertigkeiten (fachliche Fertigkeiten und Kenntnisse). Um fachbezogene Aufgabenstellungen lösen zu können, sind außerdem Fach- und Expertenwissen vonnöten. Dies wird vor allem durch eine gute Ausbildung, Erfahrung und fachspezifische Weiterbildung erworben. Meistens reicht es jedoch nicht aus, nur in einem Aufgabengebiet kompetent zu sein. Deshalb sind fachübergreifende Kenntnisse ebenfalls hilfreich.

Für die Sprachlerner aus China und Deutschland, die später normalerweise als Dolmetscher oder Übersetzer in der chinesisch-deutschen Wirtschaftskommunikation tätig sind, gilt es inzwischen als unumstritten, dass die alleinige Sprachkompetenz für eine interkulturelle Berufstätigkeit nicht mehr ausreichend ist. Neben den Fremdsprachen ist es daher sehr wichtig, ein weiteres Fach zu studieren. Nur eine oder gar zwei Fremdsprachen zu beherrschen, reicht nicht aus.

> „In meinem Unternehmen kann ich ohne Übertreibung sagen, alle Mitarbeiter außer Putzfrauen haben Fachkompetenz, ich meine abgesehen von Sprachkompetenz noch eine Fachkompetenz. Wenn man nur eine Sprache studiert hat, hat man in einem internationalen Unternehmen kaum Chancen. Es sei denn, man hat nach dem Sprachstudium in einem kleineren Unternehmen angefangen und dort Berufserfahrungen gesammelt und Fachkompetenz entwickelt." (Senior Salesmanager in einem deutsch-amerikanischen Konzern)

> „Also, wenn die Kernkompetenz Deutsch ist, ist das zu wenig. Und ich habe keine Motivation, den einzustellen. Dann ist er eine Art Dolmetscher oder so was. Den kann ich ankaufen auf

dem Markt, da gibt's genug. Also die Kernkompetenz Deutsch allein reicht nicht, sondern er muss noch eine zweite Kernkompetenz haben. Das kann Wirtschaft sein, das kann Jura sein, das kann Medizin sein, kann was auch immer sein. Aber er braucht eine zweite Kernkompetenz. Und die Verbindung von Wirtschaft und Sprache ist eine ideale Verbindung, wenn die interkulturelle Kompetenz mit der Fachkompetenz zusammenkommt, dann ist man nicht zu schlagen." (Leitender Mitarbeiter eines deutschen IT-Konzerns)

Quelle: Yaling, Pan (2008). *Interkulturelle Kompetenz als Berufsorientierung im Germanistikstudium in China.* Deutsch-Chinesisches Forum interkultureller Bildung. IUDICIUM Verlag GmbH München. S. 66–87.

Text 2: Methodenkompetenz

Für den Einsatz unseres Fachwissens benötigen wir Methodenkompetenzen. Der Begriff „Methodenkompetenz" umfasst alle Fähigkeiten, mit deren Hilfe wir Wissen beschaffen, verwerten oder Probleme lösen können. Die Sozialwissenschaftlerin Helen Orth definiert Methodenkompetenzen als „Kenntnisse, Fertigkeiten und Fähigkeiten, die es ermöglichen, Aufgaben und Probleme zu bewältigen, indem sie die Auswahl, Planung und Umsetzung sinnvoller Lösungsstrategien ermöglichen" (Orth, 1999, S. 109). Aus Sicht des Schulpädagogen Peter Jäger ermöglichen Methodenkompetenzen erst das „strategisch geplante und zielgerichtete Umsetzen der vorhandenen Kenntnisse, Fertigkeiten und Verhaltensweisen bei [...] Aufgaben bzw. Problemen" (Jäger, 2001, S. 121). Zu den Methodenkompetenzen gehören aus Sicht der deutschen Kultusminister außerdem „die Bereitschaft und Befähigung zu zielgerichtetem planmäßigem Vorgehen bei der Bearbeitung von Aufgaben und Problemen" (Sekretariat der Kultusministerkonferenz, 2007, S. 11). Hierbei stehen Techniken zur Lösung von Problemen, analytisches Denken und systematisches Vorgehen im Mittelpunkt. Im weiteren Sinne verstehen wir unter Methodenkompetenzen im Einzelnen:

- die Fähigkeiten zur Anwendung von Kreativitäts- und Problemlösungstechniken sowie zur Gestaltung von Problemlösungsprozessen (Ideen- und Innovationsmanagement);
- die Fähigkeiten, Wissen zu erwerben (Lernkompetenz) sowie Informationen zu beschaffen, zu strukturieren, zu bearbeiten, zu speichern, zu verwenden, zu interpretieren und in geeigneter Form zu präsentieren (Medienkompetenz);
- die Fähigkeiten zur Selbststeuerung (Selbstmanagement) und zur Organisation der zur Verfügung stehenden Zeit (Zeitmanagement);
- die Fähigkeiten, mit anderen ziel- und aufgabenorientiert zusammenzuarbeiten (Kooperationsfähigkeit, Team- und Konfliktmanagement) oder andere zu führen; diese Fähigkeiten werden auch als Management Skills bezeichnet;
- die Planung, Organisation und Durchführung von Projekten (Projektmanagement).

Methodenkompetenzen gelten als Querschnittskompetenzen, die viele unterschiedliche Fähigkeiten umfassen (vgl. Arbeitskreis Deutscher Qualifikationsrahmen, 2011, S. 4). Neben Fachkompetenzen, sozialen Kompetenzen und persönlichen Kompetenzen gehören sie zu den zentralen Bestandteilen einer umfassenden beruflichen Handlungskompetenz (vgl. Bartscher, 2015).

Methodenkompetenzen helfen uns dabei, Fachkompetenz aufzubauen und diese erfolgreich zu nutzen. Sie gelten deshalb auch als Schlüsselqualifikationen für den beruflichen Erfolg. In diesem Kapitel konzentrieren wir uns auf die Grundlagen der Methodenkompetenzen wie analytisches Denken und Organisationsfähigkeit, bevor in den folgenden Kapiteln die Lernkompetenz, das Zeitmanagement, die Medienkompetenz und der Umgang mit neuen Kommunikationsmedien vertieft werden.

Quelle: Becker, Joachim H. & Pastoors, Sven (2018). Sozial-kommunikative Kompetenzen. In: Joachim. H. Becker & Ebert, Helmut & Pastoors, Sven (2018). *Praxishandbuch berufliche Schlüsselkompetenzen*. Springer. S. 71–72.

Text 3: Persönlichkeit und Sozialkompetenz

Kulturübergreifende Gültigkeit von Persönlichkeitsfaktorenmodellen

Mit Hilfe des psychometrischen Ansatzes versucht ein Großteil der an der Differentiellen Psychologie orientierten kulturvergleichenden Forschung den Nachweis zu erbringen, dass die zur Beschreibung der Gesamtpersönlichkeit erforderlichen Dimensionen universell sind und sich kulturelle Unterschiede als Differenzen in der Ausprägung der einzelnen Dimensionen beschreiben lassen. Impliziert ist hierbei die Annahme, dass es eine begrenzte Anzahl von Persönlichkeitsmerkmalen (traits) gibt, die sich über Situationen hinweg als konsistente und über die Zeitdauer hinweg als stabile Verhaltensdispositionen erweisen. Zur Gewinnung dieser grundlegenden Persönlichkeitsmerkmale dienen faktoranalytische Verfahren (Backhaus et al., 2003), die auf die meist in Fragebögen erhobenen Selbstbeschreibungsdaten angewandt werden. Mittels der Faktorenanalysen wird überprüft, ob sich dieselben grundlegenden Persönlichkeitsmerkmale in allen Kulturen finden lassen und ob ihre Gesamtstruktur ein ähnliches Muster aufweist. Im Kulturvergleich wurde vor allem das sogenannte Fünf-Faktoren-Modell (Big Five) von McCrae und Costa (1997) mit den Faktoren *Extraversion, Gewissenhaftigkeit, Verträglichkeit, emotionale Stabilität* und *Offenheit für Erfahrungen* untersucht. Tatsächlich ließ sich die im westlichen Kulturkreis identifizierte Struktur der fünf Faktoren in sehr vielen außerwestlichen Ländern reproduzieren (vgl. Poortinga & Van Hemert, 2001), d.h., aus den Fragebogendaten außerwestlicher Länder konnten dieselben fünf Faktoren wie im westlichen Kulturkreis ermittelt werden. Ein westlicher „Bias" ist dennoch nicht auszuschließen. So wurde geltend gemacht, dass die Suche nach Persönlichkeitseigenschaften eine typisch „individualistische" Sichtweise mit dem Bemühen nach Unterscheidbarkeit der Individuen reflektiert. Dagegen ist aus „kollektivistischer" Sicht das Selbst in einen sozialen Kontext eingebunden (Markus & Kitayama, 1998). Entsprechend können Persönlichkeitseigenschaften in kollektivistischen Kulturen nur begrenzt zur Verhaltensvorhersage dienen, da das Verhalten stärker durch soziale Rollen und Normen als durch interne Dispositionen bestimmt ist.

Ausprägungsunterschiede von einzelnen Persönlichkeitsfaktoren

Geht man von einer universell ähnlichen Faktorenstruktur der Persönlichkeit aus, so stellt sich die Frage nach kulturellen Unterschieden in der Ausprägung der einzelnen Dimensionen. Kulturelle Unterschiede sind vor allem dann zu erwarten, wenn die Beschreibung eines Persönlichkeitsfaktors Ähnlichkeiten mit der eines Kulturfaktors aufweist. Wie hervorgeht, sind Ähnlichkeiten zwischen den Merkmalen des Individualismus-Kollektivismus-Faktors und den Merkmalen von vier der fünf Faktoren des Big-Five-Modells nicht zu übersehen. In Übereinstimmung mit diesen konzeptuellen Überlappungen stellte sich empirisch tatsächlich eine kollektivistische Orientierung als positiv korreliert mit Verträglichkeit und negativ korreliert mit Offenheit für Erfahrung sowie mit Extraversion heraus (vgl. Church & Lonner, 1998).

Individualismus-Kollektivismus-Dimension	Persönlichkeitsdimension
Selbstbehauptung vs. Unterordnung	Extraversion
Aus-Sich-Herausgehen vs. Zurückhaltung	Extraversion
Hedonismus vs. Betonung sozialer Pflichten	Gewissenhaftigkeit
Selbstbezogenheit vs. Gruppenbezogenheit	Verträglichkeit
Wettbewerbsorientierung vs. Kooperation	Verträglichkeit
Utilitarismus vs. Personorientierung	Verträglichkeit
Eigenständigkeit vs. Konformität	Offenheit für Erfahrungen

Nicht immer ist die wechselseitige Zuordnung allerdings eindeutig: So kann sich ausgeprägte Extraversion in einer Teilnahme an den Sorgen der Familienangehörigen äußern und würde damit den kollektivistischen Pol des Faktors *Individualismus-Kollektivismus* repräsentieren, gleichwohl aber auch in einer extremen Selbstkundgabe, womit sie indikativ für den individualistischen Pol wäre. Empirisch ermittelte Unterschiede in der Ausprägung der fünf Faktoren können jedoch auch auf unterschiedliche Antworttendenzen („response sets") zurückzuführen sein. Für das Vorhandensein zweier spezifisch ostasiatischer Antworttendenzen gibt es konkrete Hinweise. Zum einen besteht bei mehrstufigen Antwortmöglichkeiten (z.B. vom Typ einer Likert-Skala) die Tendenz zur Vermeidung extremer Antwortkategorien, d.h., es besteht eine „Tendenz zur Mitteilung". Zum anderen weisen ostasiatische im Vergleich zu amerikanischen Probanden eine stärkere Neigung zur „Bescheidenheit" auf, d.h., sie stellen sich selbst eher in einem ungünstigeren Licht dar. Ein Mittelwertvergleich von Kulturen mit unterschiedlich ausgeprägter Antworttendenz ist nur dann möglich, wenn die Werte durch eine Anpassung des Skalenbereiches „korrigiert" werden.

Insgesamt muss das offensichtliche Vorliegen unterschiedlicher Antworttendenzen in Fragebogen zu einer eher skeptischen Interpretation von auftretenden Lageunterschieden führen. Unbedingt erforderlich wäre hier die Ergänzung durch andere Methoden wie etwa Verhaltensbeobachtungen in unterschiedlichen Situationen, um damit zu einer höheren Validität der Erfassung der in Frage stehenden Persönlichkeitszüge zu gelangen.

Quelle: Helfrich, Hede (2013). *Kulturvergleichende Psychologie.* Springer VS. S. 141–144.

Soziale und persönliche Kompetenzen sind entscheidend für den Erfolg im Berufs- und Privatleben. Sie sind die zentralen Voraussetzungen für die Kommunikation und Kooperation mit anderen Menschen. So werden Kompetenzen unter anderem

- zum Erwerb und Einsatz neuen Wissens;
- zum Austausch und Erwerb von Informationen;
- zum Aufbau und zur Pflege von Beziehungen;
- zur Lösung von Problemen und
- zum Erreichen persönlicher Ziele benötigt.

Der Kommunikationswissenschaftler Bernd LeMar beschreibt in seinem Buch „Kommunikative Kompetenz" die Bedeutung sozialer Kompetenzen für das Gelingen von Kommunikation und somit für den langfristigen Erfolg einer Zusammenarbeit. Dabei spielen Vertrauen, Aufmerksamkeit und emotionale Intelligenz eine zentrale Rolle (vgl. LeMar, 1997, S. 178–181).

In Kapitel 3 wurden die Grundlagen und unterschiedlichen Formen der Kommunikation vorgestellt. Dabei lag der Fokus vor allem auf den sprachlichen und kognitiven Kompetenzen. Doch wer alle sprachlichen und kognitiven Teilkompetenzen beherrscht, dem fehlen zur Perfektionierung seiner Ausdrucks- und Überzeugungskunst immer noch sozial-kommunikative Kompetenzen.

Für den Erfolg einer Kooperation ist es von großer Bedeutung, sowohl eigene als auch die Gefühle anderer korrekt wahrzunehmen. Der Bereich der Gefühle wurde von der Organisations- und insbesondere der Führungsforschung lange Zeit vernachlässigt. Das änderte sich mit dem Konzept der emotionalen Intelligenz, das vom Zusammenspiel von Gefühl und Verstand ausgeht und diese Erkenntnisse in das Berufsleben integrierte (vgl. Küpers und Weibler, 2005, S. 120–162).

Der Begriff „emotionale Intelligenz" wurde im Jahr 1990 von den amerikanischen Wissenschaftlern John Mayer und Peter Salovey geschaffen. Er beschreibt die Fähigkeit, eigene und Gefühle anderer (korrekt) wahrzunehmen, zu verstehen und zu beeinflussen. Emotionale Intelligenz gilt deshalb als einer der Schlüsselfaktoren für Erfolg im Privatleben und im Beruf. Salovey und Mayer (1990, S. 185–211) begreifen emotionale Intelligenz als Verarbeitung gefühlsmäßiger Informationen und als mentale Fähigkeit (vgl. Küpers und Weibler, 2005, S. 120).

Die deutschen Wissenschaftler John Erpenbeck und Lutz von Rosenstiel beschreiben sozial-kommunikative Kompetenz „als die Dispositionen, kommunikativ und kooperativ selbstorganisiert zu handeln, das heißt, sich mit anderen kreativ auseinander- und zusammenzusetzen, sich gruppen- und beziehungsorientiert zu verhalten und neue Pläne, Aufgaben und Ziele zu entwickeln" (Erpenbeck und von Rosenstiel, 2007, S. XXIV).

Die Organisationspsychologen Anke von der Heyde und Boris von der Linde (2007) benennen eine Reihe sozial-kommunikativer Kompetenzen, die für eine erfolgreiche Gesprächsführung besonders wichtig sind: Empathie (Einfühlungsvermögen), Kommunikationsfähigkeit und Überzeugungskraft, Durchsetzungsvermögen und Verhandlungsgeschick, Konfliktfähigkeit sowie Team- und Integrationsfähigkeit. Die von den beiden Autoren genannten Kompetenzen überschneiden sich teilweise in den Merkmalen und Ausprägungen. Um jedoch die eigenen Fähigkeiten zu verstehen und schwach ausgeprägte Kompetenzen zu trainieren, sind die Überschneidungen sehr nützlich. In diesem Kapitel betrachten wir außerdem folgende sozial-kommunikative Kompetenzen:

- Anpassungsfähigkeit;
- Kritikfähigkeit und
- Feedbackfähigkeit.

Quellen:
Becker, Joachim H. & Pastoors, Sven (2018). *Sozial-kommunikative Kompetenzen*. In: Becker, Joachim H. & Ebert, Helmut & Pastoors, Sven (2018). *Praxishandbuch berufliche Schlüsselkompetenzen*. Springer. S. 51–58.
Ebert, Helmut (2018). Bedeutung sozialer Kompetenzen. In: Becker, Joachim H. & Ebert, Helmut & Pastoors, Sven (2018). *Praxishandbuch berufliche Schlüsselkompetenzen*. Springer. S. 14–15.
Helfrich, Hede (2013). *Kulturvergleichende Psychologie*. Springer VS. S. 141–144.

Weiterführende Literatur

Arbeitskreis Deutscher Qualifikationsrahmen (2011). *Deutscher Qualifikationsrahmen für lebenslanges Lernen (DQR)*, vom 22.03.2011. https://www.dqr.de/dqr/shareddocs/downloads/media/content/der_deutsche_qualifikationsrahmen_fue_lebenslanges_lernen.pdf?_blob=publicationFile&v=1.
Backhaus, K., Erichson, B., Plinke, W., & Weiber, R. (2003). *Multivariate Analysemethoden*. Heidelberg: Springer.
Bartscher, T. (2015). Stichwort: Methodenkompetenz, in: *Gabler Wirtschaftslexikon*. http://wirtschaftslexikon.gabler.de/Definition/methodenkompetenz.html (Zugriff: 23.09.2016).
Becker, Joachim H. & Pastoors, Sven (2018). Sozial-kommunikative Kompetenzen. In: Becker, Joachim. H. & Ebert, Helmut & Pastoors, Sven (2018). *Praxishandbuch berufliche Schlüsselkompetenzen*. Springer. S. 51–58.

Bolten, J. (2001). Interkulturelles Coaching. Mediation, Training und Consulting als Aufgaben des Personalmanagements internationaler Unternehmen. In: Clermont, A., Schmeisser, W. & Krimphove, D. (Hrsg.). *Strategisches Personalmanagement in globalen Unternehmen.* München, S. 909–926.

Church, A. T. & Lonner, W. J. (1998). The cross-cultural perspective in the study of personality: rational and current research. *Journal of Cross-Cultural Psychology*, 29, S. 32–62.

Ebert, Helmut (2018). Bedeutung sozialer Kompetenzen. In: Joachim. H. Becker, Helmut Ebert, Sven Pastoors (Hrsg.). *Praxishandbuch berufliche Schlüsselkompetenzen.* Springer. S. 14–15.

Erpenbeck J. & von Rosenstiel, L. (2007). *Handbuch Kompetenzmessung: Erkennen, Verstehen und Bewerten von Kompetenzen in der betrieblichen, pädagogischen und psychologischen Praxis.* Stuttgart.

Fischhaber, Katrin (2002). Digitale Ethnographie: Eine Methode zum Erlernen interkultureller Kompetenz im Fremdsprachenunterricht. *Zeitschrift für Interkulturellen Fremdsprachenunterricht* (Online), 7(1), S. 1–23.

Helfrich, Hede (2013). *Kulturvergleichende Psychologie.* Springer VS. S. 141–144.

Herzog, Walter (2003). Im Nebel des Ungefähren: Wenig Plausibilität für eine neue Kompetenz. *Erwägen, Wissen, Ethik.* Jg. 14/2003 Heft 1, 178–180.

Jäger, P. (2001). *Der Erwerb von Kompetenzen als Konkretisierung der Schlüsselqualifikationen: eine Herausforderung an Schule und Unterricht.* Dissertation, Universität Passau. https://opus4.kobv.de/opus4-uni-passau/frontdoor/index/index/docId/15.

Küpers W. & Weibler, J. (2005). *Emotionen in Organisationen.* Stuttgart.

Markus, H. R. & Kitayama, S. (1991). Culture and the self: Implications for cognition, emotion, and motivation. *Psychological Review*, 98, S. 224–253.

McCrae, R. & Costa, P. T., Jr. (1997). Personality trait structure as a human universal. *American Psychologist*, 52, S. 509–516.

Orth, H. (1999). *Schlüsselqualifikationen an deutschen Hochschulen. Konzepte, Standpunkte und Perspektiven.* Neuwied.

Pan, Yaling (2008). *Interkulturelle Kompetenz als Prozess.* Verlag Wissenschaft & Praxis. S. 35.

Pan, Yaling (2008). *Interkulturelle Kompetenz als Berufsorientierung im Germanistikstudium in China.* Deutsch-Chinesisches Forum interkultureller Bildung. IUDICIUM Verlag GmbH München. S. 66–87.

Poortinga, Y. H. & Van Hemert, D. A. (2001). Personality and culture: Demarcating between the common and the unique. *Journal of Personality*, 69, S. 1033–1060.

Rathje, Stefanie (2006). Interkulturelle Kompetenz – Zustand und Zukunft eines umstrittenen Konzepts. *Zeitschrift für Interkulturellen Fremdsprachenunterricht* (Online), 11(3), S. 1–15.

Salovey, P. & Mayer, J. (1990). Emotional intelligence. *Imagination, Cognition and Personality*, 9(3), S. 185–211.

Sekretariat der Kultusministerkonferenz (Hrsg.) (2007). *Handreichung für die Erarbeitung von Rahmenlehrplänen der Kultusministerkonferenz für den berufsbezogenen Unterricht in der Berufsschule und ihre Abstimmung mit Ausbildungsordnungen des Bundes für anerkannte Ausbildungsberufe*. Bonn.

Thomas, Alexander (2002). Interkulturelle Kompetenzen im internationalen Management, in: Schmidt, Christopher M. (Hrsg.). *Wirtschaftsalltag und Interkulturalität. Fachkommunikation als interdisziplinäre Herausforderung*, Wiesbaden, S. 23-29.

Zhang, Hongling (2020). Entwicklung eines integrierten Modells für die Entwicklung interkultureller Kompetenz für chinesische Studierende. *Foreign Language World*, 4, S. 35-53.

Aufgaben

1. Welche Erklärung passt zu welchem Begriff?

a) interdependent	1) Beispiel, Muster; Erzählung mit beispielhaftem Charakter
b) antrainieren	2) voneinander abhängend, von gegenseitigen Abhängigkeiten geprägt
c) Querschnitt	3) (von Handlungspartnern) Interaktion betreiben
d) Paradigma	4) durch Training vermitteln; sich durch Training aneignen
e) Hedonismus	5) Auswahl, Zusammenstellung charakteristischer Zeugnisse oder der Vertreter eines bestimmten Bereichs, einer bestimmten Gruppe o.ä.
f) vernachlässigen	6) jemandem nicht genügend Aufmerksamkeit widmen; sich nicht, zu wenig um jemanden kümmern
g) Disposition	7) in der Antike begründete philosophische Lehre, Anschauung, nach der das höchste ethische Prinzip das Streben nach Sinnenlust und -genuss ist, das private Glück in der dauerhaften Erfüllung individueller physischer und psychischer Lust gesehen wird
h) Empathie	8) Planung, das Sich Einrichten auf etwas
i) interagieren	9) Lehre, die im Nützlichen die Grundlage des sittlichen Verhaltens sieht und ideale Werte nur anerkennt, sofern sie dem Einzelnen oder der Gemeinschaft nützen; Nützlichkeitsprinzip
j) Utilitarismus	10) Bereitschaft und Fähigkeit, sich in die Einstellungen anderer Menschen einzufühlen

2. Was verstehen Sie unter dem Begriff „emotionale Kompetenzen" in der chinesisch-deutschen Wirtschaftskommunikation?

3. Was könnten Sie von einer Diskussion einer chinesisch-deutsch gemischten Gruppe erwarten und welche Verhaltensnormen spielen in einer Diskussion unter chinesischen und deutschen Studierenden eine Rolle?

4. Was haben Sie in diesem Kapitel gelernt? Wie würden Sie sich später angemessen und effektiv verhalten?

Kapitel 6
Interkulturelles Training und Interkulturelles Lernen

Die Beschäftigung mit interkulturellem Training (IKT) und Interkulturellem Lernen (IKL) kann aus verschiedenen Blickwinkeln erfolgen, sowohl als Weiterbildung im Trend der Zeit als auch als Forschungsfeld.

IKT und IKL gewinnen aufgrund grenzüberschreitender sozialer und wirtschaftlicher Netzwerke und den damit zunehmenden internationalen Verflechtungen immer mehr an Bedeutung. Da die meisten Mitarbeiter über wenig Erfahrung im Umgang mit anderen Kulturen verfügen, bieten viele Unternehmen (z.B. internationale Konzerne oder mittelständische Betriebe in Grenznähe) Austauschprogramme, Kurse, Schulungen und Trainings an. Der Erwerb interkultureller Kompetenz mithilfe von Seminaren, praktischen Erfahrungen und dem Austausch im Rahmen von interkulturellen Begegnungen wird auch als „interkulturelles Lernen" bezeichnet. Das zentrale Ziel interkulturellen Lernens liegt in der Entwicklung persönlicher und betrieblicher interkultureller Kompetenz: „Interkulturelle Kompetenz setzt somit interkulturelles Lernen voraus" (IKUD Seminare, 2011). Als Teilziele interkulturellen Lernens (Trainings) bzw. Komponenten des Erwerbs interkultureller Kompetenz gelten dabei:

- **Überwindung von Ethnozentrismus**: Die meisten Menschen gehen bewusst oder unbewusst davon aus, dass die Menschen in anderen Kulturen ihre Umwelt genauso wahrnehmen wie sie selbst und dass die eigene Kultur anderen Kulturen überlegen ist. Diese Annahme unterstützt einerseits zwar die Herausbildung einer eigenen Identität, führt aber gleichzeitig zu einer Abgrenzung gegenüber anderen Kulturen. Sie fördert somit das Zusammengehörigkeitsgefühl innerhalb einer Gruppe, kann allerdings im Extremfall Ausgrenzung und Fremdenhass zur Folge haben.
- **Verständnis der eigenen Kulturverhaftung und Enkulturation**: Um den Ethnozentrismus zu überwinden und einen persönlichen Veränderungsprozess in Gang zu setzen, ist es erforderlich, die eigene Kultur zu reflektieren und zu hinterfragen.
- **Größere Akzeptanz für andere Kulturen**: Durch interkulturelle Schulungen soll eine Basis für die Akzeptanz anderer Kulturen und deren Mitglieder als gleichberechtigte Partner geschaffen werden.
- **Ein kritischer Umgang mit Stereotypen**: Mögliche Vorurteile und Stereotype sollen „bewusst" wahrgenommen und entlarvt werden. Ziel ist es, fremde Kulturen als „anders" wahrzunehmen, ohne sie und ihre Mitglieder zu bewerten – egal, ob positiv oder negativ.

- **Fremdsein verstehen**: Die Teilnehmer setzen sich mit Elementen anderer Kulturen auseinander. Dadurch soll Interesse an anderen Kulturen geweckt werden, um Offenheit, Verständnis und Respekt für andere Kulturen und das „Fremde" zu entwickeln.
- **Erfolgreiche Kommunikation und Zusammenarbeit mit Menschen aus anderen Kulturen**: Hierzu ist es wichtig, Konflikte friedlich zu lösen und Spannungen, die sich zwischen unterschiedlichen Kulturen ergeben, aushalten zu können. Außerdem erwerben die Teilnehmer Kenntnisse und Erfahrungen hinsichtlich der Grundwerte, Regeln und Sichtweisen anderer Kulturen, die sie anschließend in ihrem beruflichen Alltag berücksichtigen können.

Text 1: Forschungsstand zu IKT und IKL

„Das Spektrum der Dienstleistungen mit interkultureller Thematik scheint gegenwärtig einem ungebremsten Wachstum zu unterliegen" (Bolten, 2006, S. 57), fasst der Autor eine Entwicklung zusammen, die mittlerweile auch im deutschsprachigen Raum angekommen ist. Demnach steige die Nachfrage nach IKT stetig, ist vielfach zu hören – besonders häufig von den Trainingsanbietern selbst. Obwohl neben dem klassischen Training inzwischen Maßnahmen wie Coaching, Mentoring oder Mischformen dazugekommen sind, ist unverkennbar, dass IKT in vielen Gesellschaftsbereichen Einzug gehalten hat: Nicht nur Unternehmen und Non-Profit-Organisationen wollen Menschen für Auslandsaufenthalte vorbereiten – sei es durch Train-the-Trainer-Maßnahmen oder durch IKTs für die eigenen Mitarbeiter. Auch öffentliche Verwaltungen, Schulen oder Institutionen im Gesundheitswesen haben Trainings zur Vorbereitung auf inter- und multikulturelle Kontexte für sich entdeckt (vgl. Otten, Scheitza & Cnyrim, 2009, S. 15). IKT ist nicht wie Schule oder berufliche Bildung an standardisierten und politisch vorgegebenen Inhalten orientiert, sondern präsentiert vielmehr eine Antwort auf veränderte gesellschaftliche und wirtschaftliche Rahmenbedingungen, die vielfach als Megatrends beschrieben werden (vgl. Schiersmann, 2007, S. 14; Tippelt & Schmidt 2009, S. 90). Ein Megatrend, der die Nachfrage nach IKT beeinflusst hat, ist die Internationalisierung von Organisationen, die eine neue Qualität erreicht hat. Von einer deutlich wachsenden Zahl von Beschäftigten wird nun interkulturelle Kompetenz erwartet (vgl. Konsortium Bildungsberichterstattung, 2006, S. 12 f.; Otten et al., 2009, S. 15). Die Vorbereitung auf Inter- und Multikulturalität ist nicht mehr auf eine klar umgrenzte Zielgruppe oder einen Kontext beschränkt wie beispielsweise auf Führungskräfte in Wirtschaftsunternehmen. Es geht vielmehr um „preparing people for living in a global, multicultural society at every level" (Pusch, 2004, S. 29). Durch die Veränderung der beruflichen Kompetenzprofile werden zudem vermehrt Schlüsselkompetenzen nachgefragt, wozu auch die interkulturelle Kompetenz zählt (vgl. Konsortium Bildungsberichterstattung, 2006, S. 14 f.). Neben Coaching ist Training dabei ein gängiges Format zur Kompetenzentwicklung (vgl. Franke, 2001, S. 46 f.). Der dritte entscheidende Megatrend besteht in der demografischen Entwicklung. Ältere Arbeitnehmer sollen Kompetenzen gezielt erwerben oder nachlernen, die für die nachwachsende Generation zur Gewohnheit geworden sind (vgl. Konsortium Bildungsberichterstattung, 2006, S. 6; Schiersmann, 2007, S. 19). Während nicht zuletzt auch die Neuen Medien dazu beigetragen haben, dass sich die jüngeren Bevölkerungsschichten mit großer Selbstverständlichkeit in globalen Netzwerken bewegen, bekommt IKT besonders für ältere Beschäftigte eine kompensatorische Funktion. (...)

Eine interessante Beobachtung stellen die Autoren des Sammelbandes ‚Interkulturelles Lernen/Interkulturelles Training' auf, der mittlerweile in der 7. Auflage erschienen ist (Götz, 2010).

Ergebnisse moderner Lernforschung haben gezeigt, dass, von wenigen Ausnahmen abgesehen, ein hohes Maß an interkultureller Handlungskompetenz nur dann erreicht werden kann, wenn der Umgang und die Bearbeitung kultureller Überschneidungssituationen gezielt und systematisch eingeübt werden.

Da dieses Lernkonzept auch den Themenfeldern zu Grunde liegt, die in den Kapiteln dieses Buches behandelt werden, muss etwas genauer auf die einzelnen Lernschritte eingegangen werden. Im Detail geht es darum, Lernprozesse zu initiieren, die geeignet sind, Wissen derart aufzubauen und kognitiv zu verankern, dass es in entsprechenden konkreten Handlungssituationen, also in kulturellen Überschneidungssituationen, aktiviert wird. So kann es dann zur Handlungssteuerung, -regulation, -ausführung und -kontrolle eingesetzt werden. Träges Wissen, das zum passenden Zeitpunkt im Handlungsfluss nicht aktivierbar ist, soll vermieden und stattdessen aktives Wissen implementiert werden.

Quellen:
Ang-Stein, Claudia (2014). *Interkulturelles Training*. Springer VS.
Ebert, Helmut & Pastoors, Sven (2018). Interkulturelles Lernen, in: Becker, Joachim H. & Ebert, Helmut & Pastoors, Sven (2018). *Praxishandbuch berufliche Schlüsselkompetenzen*, Springer-Verlag GmbH Deutschland, https://doi.org/10.1007/978-3-662-54925-4_25.
Thomas, Alexander (2011). *Interkulturelle Handlungskompetenz*. Gabler. S. 25–26.

Text 2: Der Forschungsgegenstand IKT und IKL

Eine grundlegende Systematisierung erscheint angebracht, um Theorien, Modelle und Methoden des IKT in ihren disziplinären Diskurszusammenhängen zu verorten und miteinander in Beziehung setzen zu können. Daran anschließend sollen die den jeweiligen Theorien, Modellen und Methoden immanenten Grundannahmen und Implikationen analysiert werden, wobei es eher um erschließende Problematisierungen als um abschließende Klärungen geht. Im letzten Schritt sollen aus den gewonnenen Erkenntnissen Anhaltspunkte für eine aussichtsreiche Konzeption von IKT vorgestellt werden.

Untersuchungsobjekt

IKT ist eine non-formale Weiterbildung im quartären Sektor des Bildungssystems, die sich durch ihre Interdisziplinarität sowohl in der wissenschaftlichen Beschäftigung als auch in der Berufspraxis auszeichnet. Die Reflexion von IKT erfolgt anhand typischer Theorien, Modelle und Methoden, die im IKT Verwendung finden.

Als Auswahlkriterium für die Systematisierung dient die wiederholte Erwähnung in der einschlägigen, publizierten, vorrangig deutschsprachigen, hilfsweise aber auch englischsprachigen Literatur. Auf eine einführende Definition durch die Klärung der Termini „(Inter-) Kultur" und „Training" – wie sie zur genaueren Bestimmung des Untersuchungsobjektes zu erwarten wäre – wird verzichtet, um möglichst unvoreingenommen Konzepte einbeziehen zu können, die von verschiedensten Autoren zu IKT gerechnet werden. Die Fachbegriffe des IKT und ihre facettenreichen Perspektiven sind an späterer Stelle Gegenstand der Systematisierung und Analyse.

Die Ursprünge von IKT liegen in den USA (Pusch, 2004). Die Gründe für die Durchführung von IKT in amerikanischen Organisationen haben sich im Verlauf der Zeit verändert. Zunächst sollten die Trainings Expatriates (Mitarbeitende eines Unternehmens, die berufsbedingt für einen längeren Zeitraum ins Ausland entsendet werden) auf Auslandseinsätze vorbereiten, d.h., sie dazu befähigen, besser mit einem eventuellen Kulturschock umzugehen und effektiv in der fremden Kultur zu agieren. Während der 1960er und 70er-Jahre wurden IKT hingegen verstärkt eingesetzt, um die Anforderungen der Antidiskriminierungsgesetze im eigenen Land zu erfüllen und einen Beitrag zur sozialen Gerechtigkeit zu leisten. Ende der 1980er bis Mitte der 90er Jahre sollten wiederum die Arbeitsbeziehungen in Organisationen mit einer diversen Belegschaft verbessert werden, während sich in den letzten zwei Jahrzehnten die Erkenntnis durchsetzte, dass soziale Diversität einen strategischen Wettbewerbsvorteil darstellt und somit einen substanziellen betriebswirtschaftlichen Nutzen haben kann (Anand & Winters, 2008). Die Implementierung von IKT in Deutschland befindet sich noch in der Entwicklungsphase. Durch das 2006 in Kraft getretene Allgemeine Gleichbehandlungsgesetz (AGG), den demografischen Wandel, die steigende Zuwanderung sowie den Nutzen einer diversen Belegschaft könnte das Thema ‚Diversity' eine neue Prominenz in Gesellschaft und Wirtschaft erlangen. Infolgedessen könnte die Anzahl der durchgeführten Trainings zur Förderung von interkultureller Kompetenz steigen.

Gütekriterien

Im Gegensatz zur quantitativen Forschung gibt es keinen Konsens über die Gütekriterien einer methodologischen Arbeit. Es erscheint allerdings sinnvoll, Anforderungen an verschiedene Logiken zu formulieren, die für die wissenschaftliche Bearbeitung des Untersuchungsobjektes IKT unerlässlich sind.

Anforderungen an die Forschungslogik

Methodische Strenge trägt zu einem transparenten Forschungsprozess bei, obwohl dem Vorgehen dadurch möglicherweise eine gewisse Künstlichkeit zugesprochen werden kann, wenn einzelne Schritte klar voneinander getrennt und stringent durchgeführt werden (vgl. Dyllick & Tomczak, 2007, S. 72). Dies ist umso wichtiger, da eigene Gesetzmäßigkeiten im Forschungsprozess entwickelt werden. Zudem sollte Kohärenz gewährleistet sein, d.h., Aussagen sollten konsistent, mögliche Widersprüche bearbeitet und ungelöste Fragen offengelegt sein (vgl. Patzelt, 1986, S. 237 ff., 319; Steinke, 2000, S. 330). Unzulässige Verallgemeinerungen der Ergebnisse sind zu vermeiden.

Anforderungen an die Darstellungslogik

Für die Darstellung erscheint es wesentlich, Ergebnisse zu gut überschaubaren, präzise formulierten Aussagegefügen zu bündeln (vgl. Patzelt, 1986, S. 239), sodass Beziehungen zwischen dem bisher eher isolierten Einzelwissen aus verschiedenen Disziplinen erkennbar werden.

Anforderungen an die Verwertungslogik

Die Arbeit sollte zum einen eine relevante Problemstellung mit entsprechender wissenschaftlicher Reflexion aufweisen. Zum anderen sollten die Erkenntnisse der Arbeit auch einen pragmatischen Nutzen entfalten und helfen, die Praxis fundiert auszubauen (vgl. Schmitz & Tietgens, 1995, S. 16; Steinke, 2000, S. 330).

Inhalte von IKL und IKT

Was im Rahmen interkultureller Schulungen gelehrt wird, hängt stark von den jeweiligen Teilzielen, der Definition und den gewählten Modellen interkultureller Kompetenz ab. Jürgen Straub zählt unter anderem folgende Aspekte zu den Schwerpunkten interkulturellen Lernens (2010, S. 37):

- das Erlernen einer Fremdsprache;
- der Erwerb von Kenntnissen über interkulturelle Zusammenhänge;
- der Erwerb der benötigten sozialen Kompetenzen;
- der Abbau von Ängsten bei der Interaktion mit den Mitgliedern fremder Kulturen;
- das Entwickeln eines Bewusstseins für die kulturelle Dimension sozialer Handlungen;
- das Entwickeln der Fähigkeit, sich in fremden Kulturen schnell zu orientieren;

- eine aufmerksame Haltung und Informationsverarbeitung (mindfulness) und
- eine erhöhte Flexibilität und Anpassungsfähigkeit.

Quelle: Ang-Stein, Claudia (2014). *Interkulturelles Training*. Springer VS. S. 23–25.
Straub, J. (2010). Lerntheoretische Grundlagen. In: Wiedemann, A. & Straub, J. & Nothnagel, S. (Hrsg.).
Wie lehrt man interkulturelle Kompetenz? Theorien, Methoden und Praxis in der Hochschulausbildung – Ein Handbuch. Bielefeld, S. 31–98.

Text 3: Formen des IKT

IKT ist heute wichtiger Bestandteil der Personalausbildung von Unternehmen. Sie wird von internationalen Unternehmen in der Regel eingesetzt, um ihren Mitarbeitern zu helfen, kulturelle Unterschiede zu erkennen und zu akzeptieren, sie positiv zu nutzen, mit den in kulturübergreifenden Kontexten auftretenden Problemen effektiv umzugehen und ihre interkulturelle Kompetenz zu verbessern. IKT kann auch als Teil des Kurses „Interkulturelle Kommunikation" in Fremdsprachenkursen an Universitäten oder als eigenständiger Kurs, z.B. in Form eines Intensivkurses, angeboten werden. Im letzteren Fall wird empfohlen, Experten mit umfassender interkultureller Berufserfahrung einzuladen, um IKT als nützliche Ergänzung zu den traditionellen Unterrichtsformen durchzuführen, welche die interkulturelle Sensibilität der Fremdsprachenstudierenden stärken, ihre Anpassungs- und Reaktionsfähigkeit in interkulturellen Kontexten verbessern und ihr interkulturelles Verständnis sowie ihre kommunikative Kompetenz mit Angehörigen unterschiedlicher kultureller Hintergründe fördern kann.

Gudykunst und Hammer (1983) entwickelten eine inzwischen weitverbreitete Klassifikation für IKT. Sie teilen die Trainings anhand ihrer Inhalte (kulturspezifisch vs. kulturübergreifend) und methodischen Ansätze (didaktisch vs. erfahrungsbasiert) ein. **Kulturspezifische Trainings** fokussieren auf die Vermittlung von Kenntnissen und Fähigkeiten in Bezug auf eine spezifische Kultur, beispielsweise landeskundliche Inhalte (Geografie, Bevölkerung, Geschichte und Sprache eines Landes), kulturspezifische Informationen zur nonverbalen und paraverbalen Kommunikation sowie soziale Verhaltensregeln. In **kulturübergreifenden Trainings** geht es um die allgemeine Sensibilisierung, wie Kulturen das menschliche Erleben und Verhalten prägen und beeinflussen können. Ziel ist es, die Trainingsteilnehmenden zu einer erfolgreichen Kooperation mit Personen aus anderen Kulturen zu befähigen, unabhängig davon, aus welcher Kultur diese stammen. **Didaktische Trainingsansätze** unterliegen der Überzeugung, dass die Wissensvermittlung über eine Kultur auf der kognitiven Lernebene eine notwendige Voraussetzung dafür ist, interkulturell erfolgreich zu interagieren. Verfolgt man diesen Ansatz, können beispielsweise Methoden wie Vorlesungen und Diskussionsrunden genutzt werden, bei denen Ähnlichkeiten und Unterschiede zwischen Kulturen thematisiert werden. Abgrenzend dazu gründen **erfah-**

rungsbasierte Trainingsansätze auf der Annahme, dass ein interkultureller Lernprozess durch eigene ganzheitliche Erfahrungen geprägt sein sollte. Zum Einsatz kommen hierbei Methoden wie Simulationsspiele (z.B. Thiagarajan, 2006) oder Rollenspiele (z.B. McCaffery, 1995), die nicht nur auf der kognitiven, sondern auch auf der emotionalen und verhaltensbezogenen Ebene Reaktionen auslösen sollen. Durch die Kreuzung dieser beiden Dimensionen können vier Trainingstypen unterschieden werden, die in Tabelle 4.1 dargestellt sind (Bolten, 2006; siehe auch Gudykunst, Guzley & Hammer, 1996; Fowler & Blohm, 2004).

Tabelle 4.1: Klassifikation interkultureller Trainings nach Inhalt und methodischem Ansatz

	Didaktischer Ansatz	**Erfahrungsbasierter Ansatz**
Kulturübergreifende Inhalte	Kulturübergreifende Assimilators	Simulationen und Rollenspiele zur interkulturellen Sensibilisierung
	Vorträge und Diskussionen zur interkulturellen Kommunikation oder kulturvergleichenden Psychologie	Contrast Culture-Trainings
	Trainingsvideos	Instrumente zur Selbstreflexion und Rollenspiele
Kulturspezifische Inhalte	Kulturspezifische Assimilators	Bikulturelle Workshops zur interkulturellen Kommunikation
	Fremdsprachenunterricht	Kulturspezifische Simulationen
	Cross-cultural Dialogues	Exkursionen in Zielkulturen

Europa und Amerika haben viele Erfahrungen im IKT gesammelt, die als Referenz für den interkulturellen Fremdsprachenunterricht an chinesischen Universitäten dienen können. Es gibt jedoch einige Probleme mit den in Europa und den USA verwendeten interkulturellen Trainingsmodellen und -methoden. So konzentriert sich die Leitideologie des IKT in Europa und den USA auf die Überwindung kultureller Unterschiede und die Vermeidung kultureller Konflikte, wobei die Unterschiede und Konflikte zwischen den Kulturen zu stark betont werden (siehe Gao Jiayong/Wu Dan, 2007). Nach meiner Ansicht ist es zwar wichtig, kulturelle Unterschiede im IKT zu thematisieren, aber die Betonung von Unterschieden kann dazu führen, dass kulturelle Konflikte eine negative psychologische Auswirkung zur Folge haben, anstatt interkulturelle Kompetenz zu fördern. Darüber hinaus wird Kultur in vielen europäischen und amerikanischen interkulturellen Trainingskursen auf eine zu einseitige analytische Weise betrachtet, die sich auf den Bereich der interkulturellen Kommunikation konzentriert (siehe Thomas/Schenk, 2001) und die Entwicklung der menschlichen Persönlichkeit vernachlässigt, welche sich stärker auswirkt als die angenommene Situation. Außerdem zieht sie oft nur bestimmte Aspekte einer Kultur in Betracht, „sieht nur die Bäume, aber nicht den Wald". Es handelt sich also nicht um eine ganzheitliche Herangehensweise an Kultur. Dies zeigt sich auch darin, dass der Schwerpunkt auf die Entwicklung einzelner Teilkompetenzen interkultureller Kompetenz gelegt wird, was zu Lasten der Entwicklung der „interkulturellen Persönlichkeit" der an IKT beteiligten Lernenden geht.

Wir können einerseits von den Erfahrungen mit IKT in Europa und den USA lernen, sollten andererseits aber nicht blind westliche Trainingsmodelle und -methoden kopieren, sondern die Lokalisierung des IKT verfolgen und interkulturelle Trainingsmodelle und -methoden erforschen, die mit dem globalisierten Umfeld in Einklang stehen, auf dem Wesen der chinesischen Kultur basieren und für den chinesischen Kontext geeignet sind. Im IKT sollten die Studierenden auch der interkulturellen Interaktion die gebührende Aufmerksamkeit schenken und angeleitet werden, darauf zu achten, dass sich im Prozess der interkulturellen Kommunikation auch die anderen anzupassen versuchen. Sie sollten lernen, den Grad der interkulturellen Kompetenz anderer zu beurteilen und ihn im Prozess der interkulturellen Kommunikation ständig zu überprüfen, zu verifizieren und zu bestätigen, einschließlich der ständigen Reflexion der folgenden Fragen:

- Welchen Hintergrund hat mein Kommunikationspartner?
- Verfügt er über interkulturelle Erfahrung?
- Welche Grundeinstellung hat er gegenüber seiner eigenen und der anderen Kultur?
- Wie kann ich ein Vertrauensverhältnis zu ihm aufbauen?
- Was sind seine Eindrücke und Reaktionen auf mich?

Durch eine solche Reflexion und Analyse können Studierende in IKT ihre Sensibilität für interkulturelle Interaktionen verbessern und gleichzeitig ihr eigenes interkulturelles Verhalten effektiv anpassen. Diese fünf Methoden helfen Ihnen, Ihre interkulturellen Kompetenzen zu stärken:

1) Emotionsmanagement

Im Rahmen des IKT können die Teilnehmer angeleitet werden, ihre eigenen Wege der emotionalen Entspannung zu finden und mit negativen Emotionen richtig umzugehen, indem sie Methoden entdecken, die ihrer individuellen Situation entsprechen: Tagebuch schreiben, im Internet bloggen, Musik hören, Musik machen, Kunst betrachten, malen, Sport treiben, Yoga, tanzen, meditieren, mit einem engen Freund sprechen, sich selbst belohnen usw.

2) Empathie und Einfühlungsvermögen entwickeln

Es wird in Zweiergruppen gearbeitet. Eine Person spielt einen Ausdruck vor, die andere errät ihn: ekstatisch, überglücklich, glücklich, interessiert, neugierig, überrascht, gleichgültig, verwirrt, misstrauisch, enttäuscht, verächtlich, wütend, zurückhaltend, arrogant, unglücklich, schmerzerfüllt, traurig, ängstlich, verlegen, schüchtern, deprimiert.

3) Interkulturelles Sensibilisierungstraining

Bitten Sie die Teilnehmer, ein Bild so detailliert wie möglich zu beschreiben (z.B. ein Ölgemälde, ein Foto, eine Filmszene o.ä.) oder zu schildern, was sie durch das Fenster sehen und welche Empfindungen und Gefühle es hervorruft. Durch diese Ausbildung entwickeln die Teilnehmer die Fähigkeit, genau zu beobachten und die verschiedenen Sinne auf subtile Weise einzusetzen, was ihre Wahrnehmungsfähigkeit fördert und ihr Wissen über die Welt erweitert und bereichert. Durch das Training der Sensibilität und Analyse der Menschen kommen wir zu der bereits besprochenen Erkenntnis: Nicht nur die Kultur beeinflusst den Prozess und das Ergebnis der interkulturellen Kommunikation, sondern auch die beteiligten Menschen sind ein wichtiger Faktor darin, da sie sich in ihrem persönlichen Entwicklungshintergrund, ihrem Geschlecht, ihrer Identität, ihrer Rolle, ihrem Beruf und ihrer Persönlichkeit unterscheiden.

4) Training des Denkvermögens

Das Diagramm unten zeigt neun Punkte, die durch fünf gerade Linien verbunden sind. Aufgabe: Die neun Punkte müssen durch vier gerade Linien verbunden werden, ohne den Stift abzusetzen.

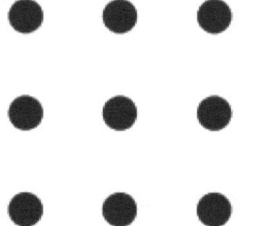 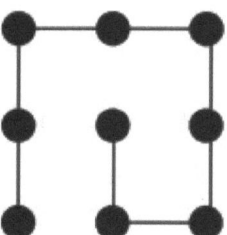

Die Lösung finden Sie auf der folgenden Seite!

Lösung:

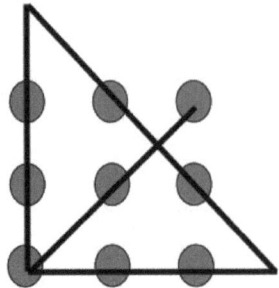

5) Interkulturelles Interaktionstraining

Dies kann in Zweiergruppen geschehen: Die Partner identifizieren zunächst drei Gemeinsamkeiten und drei wesentliche Unterschiede, die sich auf die Kommunikation zwischen Ihnen auswirken, und besprechen die Gründe dafür (z.B. Überzeugungen, Welt- und Menschenbild, Familie, Geografie, persönliche Erfahrungen, Geschlecht, Alter ...). Anschließen analysieren sie Situationen, in denen diese Gemeinsamkeiten und Unterschiede zum Tragen kommen (z.B., wenn zwei Menschen gemeinsam ein Unternehmen gründen, eine Reise unternehmen, ein Zimmer teilen usw.) und besprechen, wie sie sich auf ihre Interaktionen auswirken würden. Wie können diese Unterschiede genutzt werden, um Synergien zu schaffen?

Quelle:
Mazziotta, Agostino & Rohmann, Anette & Piper, Verena (2016). *Interkulturelle Trainings. Ein wissenschaftlich fundierter und praxisrelevanter Überblick.* Springer Fachmedien Wiesbaden, S. 13. DOI 10.1007/978-3-658-12873-9_4.

Pan, Yaling (2014). 跨文化能力内涵与培养——以高校外语专业大学生为例, 对外经济贸易大学出版社. *Der Begriffsinhalt und das Training der interkulturellen Kompetenzen. Die Studenten an der Hochschule mit Fremdsprachen als Hauptfach als Beispiel.* University of International Business and Economics Press. S. 176-183.

Weiterführende Literatur

Anand, R. & Winters, M.-F. (2008). A retrospective view of corporate diversity training from 1964 to the present. *Academy of Management Learning & Education*, 7, S. 356-372.

Bolten, J. (2006). Interkultureller Trainingsbedarf aus der Perspektive der Problemerfahrungen entsandter Führungskräfte. In: K. Götz (Ed.), *Interkulturelles Lernen/Interkulturelles Training* (6. Aufl.), S. 57-76. München, Mering: Rainer Hampp. S. 57.

Dyllick, T. & Tomczak, T. (2007). Erkenntnistheoretische Basis der Marketingwissenschaft. In: Buber, R. & Holzmüller, H. H. (Eds.). *Qualitative Marktforschung*, S. 65-79. Wiesbaden: Gabler.

Franke, G. (2001). Richtungen und Perspektive der Kompetenzforschung. In: *Komplexität und Kompetenz. Ausgewählte Fragen der Kompetenzforschung*, S. 9–51. Bonn: bibb.

Götz, K. H. (2010). *Interkulturelles Lernen/Interkulturelles Training* (7. Aufl.). München, Mering: Rainer Hampp.

Konsortium Bildungsberichterstattung (2006). *Bildung in Deutschland*. Bielefeld: Bertelsmann.

Otten, M. & Scheitza, A. & Cnyrim, A. (2009). Die Navigation im interkulturellen Feld. In: Otten, M. & Scheitza, A. & Cnyrim, A. (Eds.). *Interkulturelle Kompetenz im Wandel. Band 1: Grundlegungen, Konzepte und Diskurse*, S. 15–38. Frankfurt a.M./London: IKO.

Patzelt, W. J. (1986). *Sozialwissenschaftliche Forschungslogik*. München, Wien: Oldenbourg.

Pusch, M. D. (2004). Intercultural training in historical perspective. In: Landis, D. & Bennett, J. & Bennett, M. J. (Eds.), *Handbook of intercultural training* (3rd ed.), S. 13–36. London: Sage.

Schiersmann, C. (2007). *Berufliche Weiterbildung*. Wiesbaden: VS.

Schmitz, E. & Tietgens, H. (1995). Vorwort der Herausgeber zu Band 11 Erwachsenenbildung. In: Schmitz, E. & Tietgens, H. (Eds.). *Enzyklopädie Erziehungswissenschaft. Bd. 11 Erwachsenenbildung*, S. 13–21. Stuttgart: Ernst Klett.

Steinke, I. (2000). Gütekriterien qualitativer Forschung. In: Flick, U. & v. Kardorff, E. & Steinke, I. (Eds.). *Qualitative Forschung. Ein Handbuch*, S. 319–331. Renbek: Rowohlt.

Straub, J. (2010). Lerntheoretische Grundlagen. In: Wiedemann, A. & Straub, J. & Nothnagel, S. (Hrsg.). *Wie lehrt man interkulturelle Kompetenz? Theorien, Methoden und Praxis in der Hochschulausbildung – Ein Handbuch*. Bielefeld, S. 31–98.

Tippelt, R. & Schmidt, B. (2009). Erwachsenenbildung und Weiterbildung. In Arnold, K.-H. & Sandfuchs, U. & Wiechmann, J. (Eds.). *Handbuch Unterricht* (2. Aufl.), S. 90–94. Bad Heilbrunn: Julius Klinkhardt.

Aufgaben

1. Welche Erklärung passt zu welchem Begriff?

a) Ethnozentrismus	1) Bereitschaft und Fähigkeit, sich in die Einstellungen anderer Menschen einzufühlen
b) Enkulturation	2) das gleichzeitige Vorhandensein, Existieren; das Nebeneinanderbestehen [von Verschiedenartigem]
c) entlarven	3) Gesamtheit von literarischen, dramatischen, musikalischen Werken oder artistischen o. ä. Nummern, Darbietungen, die einstudiert sind und jederzeit gespielt, vorgetragen oder vorgeführt werden können
d) Spektrum	4) das Hineinwachsen des Einzelnen in die Kultur der ihn umgebenden Gesellschaft
e) Megatrend	5) Form des Nationalismus, bei der das eigene Volk (die eigene Nation) als Mittelpunkt und zugleich als gegenüber anderen Völkern überlegen angesehen wird
f) demografisch	6) reiche Vielfalt
g) Repertoire	7) Trend, der zu großen Veränderungen führt
h) Synergie	8) jemandes wahre Absichten, den wahren Charakter einer Person oder Sache aufdecken
i) Koexistenz	9) Energie, die für den Zusammenhalt und die gemeinsame Erfüllung von Aufgaben zur Verfügung steht
j) Empathie	10) wirtschafts- und sozialpolitische Bevölkerungsbewegungen betreffend

2. Welche Formen des interkulturellen Trainings wurden in diesem Kapitel vorgestellt?

3. Was sind, gemessen an Ihren Lebens- und Arbeitserfahrungen, die wichtigsten Inhalte des interkulturellen Lernens und Trainings für die chinesisch-deutsche Wirtschaftskommunikation?

4. Entwerfen Sie ein abgestuftes IKT-Programm für chinesisch-deutsche Teammitglieder.

II

Trainingseinheit

Kulturverständnisse wie Inter- und Multikulturalität, die im kulturrelativistischen Ansatz verankert sind, postulieren die Gleichwertigkeit in sich homogener Kulturen. Dies führt allerdings zur Stereotypisierung und einer konfliktträchtigen Grenzziehung, welche die Koexistenz von Kulturen nicht erklären kann. Auch wenn der geschichtliche Kontext berücksichtigt wird, gehen die Konzepte von einer vermeintlich kulturellen Isolation aus, wodurch die innergesellschaftliche Differenzierung unberücksichtigt bleibt. Konzepte des Kulturrelativismus kommen dem subjektiven Erleben sehr nahe, sensibilisieren für einen Perspektivwechsel und geben Handlungsanweisungen. Sie unterstellen Kulturen allerdings jeweils eigene Bedeutungsmuster, was potenziell zu Konflikten führen kann. Positiv hervorzuheben ist dafür die empirische Fundierung.

In diesem Kapitel analysiere ich auf der Grundlage von Daten aus eigener qualitativer Forschung in der deutsch-chinesischen Wirtschaftskommunikation der letzten zehn Jahre typische Ereignisse, indem ich Geschichten erzähle (Storytelling) und die Worte der Befragten durch direkte Zitate wiedergebe.

Vorab möchte ich **Storytelling** als Methode der Erzählforschung dieses Buches vorstellen. Storytelling bietet sich hier als erster Kontaktpunkt nahezu an. „Telling stories is the only way we can create meaning in our lives and make sense of the world. We need them in order to understand ourselves and communicate who we are." (Fog et al., 2005, 16). Der Begriff bezeichnet sowohl eine ungewöhnliche Geschichte als auch einen Bericht von vergangenen Ereignissen (vgl. Duden, 2016a). Wenn die Forscher von Storytelling sprechen, dann meinen sie entweder die eine oder die andere Bedeutung. Forscher, die Storys als außergewöhnliche Geschichten verstehen, definieren sie mit den Parametern der Erzählforschung (vgl. Ettl-Huber, 2014, 13). Ein Konfliktverlauf, stereotype Aktanten, Transformationen, Ereignisse und schematische Verlaufsmodelle gelten als konstitutiv für eine Geschichte. Forscher, die Storytelling im Sinne eines Berichts betrachten, begreifen es als „eine Methode, mit der (Erfahrungs-)Wissen (…) über einschneidende Ereignisse im Unternehmen (…) aus unterschiedlichsten Perspektiven der Beteiligten erfasst, ausgewertet und in Form einer gemeinsamen Erfahrungsgeschichte aufbereitet wird." (Thier, 2010, 17). Hier wird unter Storytelling also ein Prozess subsumiert, bei dem Interviewmaterial gesammelt, aufbereitet, logisch strukturiert und gekürzt wird (vgl. Duss, 2016, 45f; Thier, 2010, 101). Storys, die auf diese Weise gewonnen werden, entsprechen aber nicht unbedingt den Definitionen von Geschichten aus der Erzähltheorie. Generell werden viele Formate unter dem Begriff „Corporate" bzw. „Brand Storytelling" zusammengefasst, die aus narratologischer Sicht nicht die Merkmale aufweisen, die für eine Geschichte ausschlaggebend sind. Es „kann (…) gesagt werden, dass nicht in allen Geschichten ProtagonistInnen vorkommen. Ebenso wird in den seltensten Fällen ein Konflikt kommuniziert und nicht alle der befragten Unternehmen konnten eine Kernaussage benennen" (Hilzensauer, 2014, 96). Es muss also eine neue Definition von „Story" bzw. „Geschichte" her, die auch die Formate integriert, die in der Praxis im Allgemeinen als solche bezeichnet werden.

Im Folgenden wird Storytelling als ein Mittel der deutsch-chinesischen Kommunikation verstanden, mittels derer abstrakte Informationen über Sach- oder Beziehungsorientierung, Direktheit und Indirektheit, Hierarchie und Gesellschaftsordnung sowie Regeln und Flexibilität in der chinesisch-deutschen Wirtschaftskommunikation durch das Exemplarische, also über sinnlich konkret erfahrbare Storyelemente, metaphorisch transportiert werden (vgl. DEBA o.J.; Ettl-Huber, 2014, 19; Schach, 2016, 4; Hilzensauer, 2014, 96).[1] Dabei werden „Handlungen und Erfahrungen der Vergangenheit wieder[ge]geben, andererseits zeitunabhängige Ereignisse – ob real oder fiktiv (...) erzähl[t]. In beiden Konzepten erfahren Rezipienten, wie Menschen in bestimmten Umständen agieren. Mit beiden Konzepten können Menschen aus der ‚Geschichte' und ‚Geschichten' lernen" (Sammer, 2014, 19).[2] Im Vordergrund stehen also Akteure bzw. Persönlichkeiten, welche die Story durch ihr Handeln lebendig machen (vgl. Thier, 2010, 8).[3] Es geht um Einzelschicksale, durch die eine allgemeine, abstrakte, komplexe Botschaft indirekt, konkret und anschaulich transportiert wird (vgl. Sammer, 2014, 108; Fog et al., 2005, 32; Scheier/Held, 2012, 79; Eder, 2010, 307).[4] Konkret bedeutet dabei, dass „Informationen (...) über die fünf Sinne wahrgenommen und interpretiert werden können" (Munzinger/Musiol, 2009, 84).[5]

Jetzt beginnen wir unsere interkulturelle Reise!

---

1 Schach, Annika (2016). *Storytelling und Narration in den Public Relations. Eine textlinguistische Untersuchung der Unternehmensgeschichte.* Wiesbaden: Springer Fachmedien.
2 Sammer, Petra (2014). *Storytelling.* Köln: O'Reilly Verlag.
3 Thier, Karin (2010). *Storytelling. Eine Methode für das Change-, Marken-, Qualitäts- und Wissensmanagement.* Berlin und Heidelberg: Springer Medizin Verlag.
4 Scheier, Christian/Held, Dirk (2012). *Wie Werbung wirkt. Erkenntnisse des Neuromarketing.* Freiburg: Haufe-Lexware. Eder, Jens (2010). *Figuren in der Werbung.* In: Leschke und Heidbrink, S. 295–323.
5 Munzinger, Uwe/Musiol, Karl Georg (2009). *Markenkommunikation. Wie Marken Zielgruppen erreichen und Begehren auslösen.* München: Mi-Wirtschaftsbuch.

Kapitel 7
Sach- oder Beziehungsorientierung

Tabelle 7.1: Sachorientierung und Beziehungsorientierung im Vergleich

Sachorientierung	Beziehungsorientierung
Fakten, Daten und Ziele stehen im Fokus; Atmosphäre und Harmonie zu bewahren, sind weniger wichtig	Höflichkeit, Emotionsbindung, Interaktion und harmonische Atmosphäre stehen im Fokus
Direkte Kommunikation	Implizite Kommunikation
Deutliche Trennung von Leben und Arbeit	Mischung aus Leben und Arbeit
Schriftliches Protokoll	Von Angesicht zu Angesicht, Telefon und Emails
Der/die Sachverständige hat das Wort	Der Leiter hat das Wort

Beispiel 1: Geschäftsverhandlungen

Zwei deutsche Geschäftsleute fuhren zu einer Fabrik in der Provinz Jiangsu, um über einen Verkauf zu verhandeln. Am Tag ihrer Ankunft wurden sie vom Manager persönlich am Flughafen abgeholt und in einem Auto mit Chauffeur in die Stadt gebracht. Ihre Unterkunft befand sich in einem neu gebauten Hotel. Ein paar Stunden später wurden sie von ihrem Gastgeber zu einem Zwölf-Gänge-Bankett eingeladen. Diese Sonderbehandlung stimmte sie in Bezug auf den Verkauf optimistisch. Am nächsten Tag wurden sie zu Sehenswürdigkeiten in der Nähe geführt, die den Wohlstand der Region demonstrierten. Am dritten Tag setzten sie sich schließlich zu einem Treffen zusammen. Der Fortschritt schien sehr langsam einzutreten, da jede Seite Verallgemeinerungen vorbrachte, die laut den Deutschen nichts mit dem Verkauf zu tun hätten. Plötzlich kam eine Frau mittleren Alters herein, die einem der wichtigsten chinesischen Verhandlungsteilnehmer etwas zuflüsterte. Er stand sofort auf und verließ den Raum.

Die Deutschen erwarteten eine Erklärung, aber es erfolgte keine. Als über die Wartung der Geräte diskutiert wurde, bestanden die Chinesen darauf, dass ein deutscher Techniker in China blieb, obwohl die Deutschen die Qualität des Produkts zusicherten. Die beiden Seiten kamen nicht zu einem Konsens. Nach mehrtägigen Gesprächen über technische Fragen kam die Verhandlung schließlich zur Preisdiskussion. Die Chinesen forderten zunächst einen Preisnachlass von 20 Prozent. Die Deutschen empfanden diesen Vorschlag als unverschämt. Sie hielten an ihrem Preis fest, da sie wussten, dass er fair war.

Die Sachlage war noch ungeklärt, als einige Tage später das Abschiedsbankett stattfand. Trotzdem lächelte der chinesische Manager und sprach von der gegenseitigen Zusammenarbeit in der Zukunft und den chinesisch-deutschen Beziehungen in der

Vergangenheit. Die Deutschen waren enttäuscht, die Chinesen zeigten jedoch Bereitschaft, den Verkauf weiterhin per Post und Fax zu diskutieren.

Die Deutschen waren fassungslos, als sie zwei Wochen später erfuhren, dass die Fabrik beschlossen hatte, die Produkte eines japanischen Konkurrenten zu kaufen. Die Chinesen wussten, dass ihr Produkt gut war. Was war passiert, was verhinderte den Verkauf?

Analyse und Begründung

Zunächst wurden die Deutschen besonders herzlich empfangen. Sie hielten dies für ein Indiz, dass die Geschäftsverhandlungen erfolgreich verlaufen. Für Chinesen, die einer High-Context-Kultur angehören, spiegelte die physische Umgebung des Meetings oder der offiziellen Mahlzeiten nur die Bedeutung des Geschäftstreffens wider, während für Deutsche aus dem Low-Context-Bereich die Geschäftsabsichten über SMS, Telefon, Fax oder per E-Mail zum Ausdruck gebracht wurden. Für die Deutschen ist die Notwendigkeit solcher Rahmenbedingungen schwer nachvollziehbar, für die Chinesen meist nur Voraussetzung für Geschäftsverhandlungen.

Zweitens besuchten die Deutschen in den ersten beiden Tagen wohlhabende Gebiete Chinas und nahmen an anderen Aktivitäten teil. Aber sie waren nur daran interessiert, schnell zum Geschäft zu kommen. Als die Deutschen später in der Besprechung mitansahen, wie jemand plötzlich in den Besprechungsraum kam und dem wichtigen chinesischen Sprecher etwas zuflüsterte, ging dieser ohne Erklärung: Diese Szene war ein Signal für das Scheitern der Verhandlungen.

Tatsächlich sind die Probleme, welche die Deutschen wahrnahmen, auf die unterschiedlichen Zeitauffassungen zwischen Ost und West zurückzuführen. Die polychrone Zeitorientierung (China) legt mehr Wert auf den Aufbau menschlicher Beziehungen als auf das Einhalten von Zeitplänen, und sie misst Effizienz nicht die gleiche Bedeutung bei wie dem Prozess. Bei der monochronen Zeitorientierung (Deutschland) ist die Zeit jedoch begrenzt und muss effizient genutzt werden; man plant seine Arbeitsschritte und folgt diesem Plan. Man arbeitet mit Dringlichkeitsdruck und einer Step-by-Step-Liste, um Dinge der Reihe nach zu erledigen. So wird auch im Umgang mit Personen verfahren. Die oben beschriebene Situation war für Chinesen ganz natürlich, aber für Deutsche inakzeptabel. Die chinesischen Geschäftsleute waren der Auffassung, dass sie sich sehr höflich verhielten und großen Respekt vor dem Gast zeigten, während eine Nichtbeachtung der monochronen Arbeitsweise die Gefühle der deutschen Gäste beeinflussen konnte.

Auch das Problem blieb ungelöst. Die Chinesen lächelten und sprachen immer noch freundlich von einer gemeinsamen Zusammenarbeit in der Zukunft und den früheren chinesisch-deutschen Beziehungen. Dies liegt daran, dass Chinesen aus einem kollektivistischen Land kommen, sie legen Wert auf die Aufrechterhaltung der Harmonie und vermeiden Konfrontationen. Aber Individualisten wie die Deutschen neigen dazu, ihre Meinung und die Wahrheit zu sagen. Für die Deutschen sind Geschäftspartner normalerweise nur Partner, doch Chinesen halten Freundschaften für eine wichtige Vertrauensbasis. Sie sind der Auffassung, kein Geschäft würde scheitern, wenn es zwischen Freunden ablaufe.

Beispiel 2: Keine Einladung zum Abendessen als Gegenleistung, richtig?

Ein deutscher Manager kam in die Finanzabteilung eines multinationalen Konzerns in China. Er war sich bewusst, dass seine Arbeitsweise streng und fair sein muss. In Deutschland war er es gewohnt, ein rein geschäftliches Verhältnis zu seinen Kollegen zu pflegen. Er sprach selten mit ihnen über häusliche Angelegenheiten oder unterhielt Kontakte außerhalb der Arbeit. Als er nach China kam, behielt er daher diesen Stil bei. Innerhalb der ersten zwei Wochen nach seiner Ankunft in China luden ihn die chinesischen Mitarbeiter der Finanzabteilung zu einem üppigen Büfett ein. Nach drei Monaten sagte ihm sein Dolmetscher, dass er als Gegenleistung auch die chinesischen Mitarbeiter zum Essen einladen sollte. Doch er weigerte sich strikt. Er sagte, dass ihm die Untrennbarkeit von Arbeit und persönlichen Beziehungen in China nicht gefiele. Er wollte nicht, dass die persönliche Beziehung die Arbeitsbeziehung beeinträchtigte.

Analyse und Begründung

In deutschen Unternehmen stehen nicht die sozialen Beziehungen im Vordergrund, sondern die Arbeit selbst, was zu einer grundsätzlichen Unterscheidung zwischen öffentlichem und privatem Leben führt. Nicht nur westliche Forscher, sondern auch der chinesische Wissenschaftler Liang Yong sieht die „heilige" Privatsphäre der Deutschen als eine besondere, deutsche Normierung des wirtschaftlichen Alltags.[1] Die Verwendung vom Siezen im Deutschen erfüllt zwei Ziele: erstens Respekt, zweitens Distanz. Höhne betont die Exklusivität der deutschen Freundschaft, welche man als treu, tiefgründig und veränderlich bezeichne. Mog erklärt den deutschen Schutz der Privatsphäre und die strengen Anforderungen an die Freundschaft historisch: „Der Raum prägt eine gelebte Wirklichkeit, sozial, politisch, kulturell, und wird unmittelbar im Gegensatz zum kleinen Raum der Lebenswelt wahrgenommen, der fortbesteht."[2]

Chinesen legen großen Wert auf das Gemeinschaftsgefühl unter Kollegen und streben nach sozialem Miteinander. Einige befragte Deutsche sagten: „Beziehungen sind ein sehr schwieriges Thema. Aber wenn Sie in China erfolgreich sein wollen, müssen Sie Beziehungen pflegen."

---

1   Liang (1996). 第 399 页。Liang, Y. (1996). Höflichkeit – Fremdheitserfahrung und interkulturelle Handlungskompetenz. In: Wierlacher/Stötzel: *Blickwinkel – Kulturelle Optik und Gegenstandskonstitution*, München, S. 399–411.
2   Mog, P. (1996). Kulturkategorien des Alltags – Entwickelt am deutsch-amerikanischen Vergleich. In: Wierlacher, A./ Stötzel, G. (Hrsg.). *Blickwinkel – Kulturelle Optik und interkulturelle Gegenstandskonstitution*. München. S. 585–591. Hier S. 587.

Die Umfrageergebnisse zeigen, dass Deutsche in China auf folgende Weise versuchen, eine Beziehung zu ihren chinesischen Kollegen vor Ort herzustellen:

- Erstens nehmen sie an chinesischen Veranstaltungen teil, um das Privatleben der Chinesen zu verstehen, wie zum Beispiel durch „Teilnahme an einem privaten Grillabend im Freien." Die Deutschen haben gelernt, ihre chinesischen Kollegen in deren Heimatstädten zu besuchen. Sie lernen auch den chinesischen Brauch der roten Umschläge kennen: „Wir machen uns mit den chinesischen Gewohnheiten vertraut. Zum Beispiel müssen wir zu Hochzeiten rote Umschläge mitnehmen. Auf diese Weise bringe ich zum Ausdruck, dass mir diese Person wichtig ist, und ich ihren Status respektiere."
- Zweitens kommunizieren sie mit ihren Kollegen durch WeChat. Ein deutscher Befragter mit Abschluss in chinesischer Sprache und Literatur nutzt „Kommunikation durch WeChat" als Methode, um mit Chinesen Freundschaft zu schließen.
- Drittens erfahren sie mehr über die chinesische Esskultur. „Wir müssen nicht nur im Arbeitsalltag Kontakt zu unseren chinesischen Kollegen pflegen, sondern auch im täglichen Leben, zum Beispiel beim Essen. Dabei sollte man nicht nur in westliche High-End-Restaurants gehen, sondern in typisch chinesischen Restaurants."
- Viertens kommunizieren sie mehr mit Kollegen im Arbeitsalltag. Manche Befragte trugen der vorsichtigen Haltung der chinesischen Gesellschaft gegenüber der Gender-Frage Rechnung und gingen aktiv auf ihre chinesischen Kollegen zu: „Deutsche Kollegen kommunizieren oft miteinander. Für chinesische Kollegen hier ist die Sprache eine Art Hindernis. Chinesen sind schüchterner. Nicht jeder ist so offen, dass er mit mir chatten oder mit Menschen aus anderen Kulturen kommunizieren möchte, daher ergreife ich oft die Initiative, um mit meinen jungen männlichen chinesischen Kollegen zu chatten, erzähle, was ich am Wochenende mache oder lade sie zu Aktivitäten außerhalb der Arbeit ein. Wenn sie nicht die Initiative ergreifen, gehe ich auf sie zu. Dies ist sehr wichtig, sonst ist es unmöglich, eine ‚Beziehung' zu ihnen aufzubauen."
- Fünftens leben sie nicht mit lauter Expatriates in einem „deutschen Dorf", sondern entscheiden sich für einen Ort, an dem Chinesen wohnen. Ein befragter deutscher Manager erzählte: „Es gibt Gemeinden, in denen viele Deutsche leben, aber ich bin mit solchen Gemeinschaften nicht einverstanden. Ich denke, das ist der Integration der Deutschen in die chinesische Gesellschaft nicht förderlich. Für Expatriates wie mich ist das Verständnis für die Kultur dieses Landes notwendig. Zu jeder strukturellen Verbindung im

Zusammenhang mit dem Fortschritt unseres Projekts sind zwischenmenschliche Beziehungen gefragt, und das alles hat mit Kultur zu tun, also muss ich mich an die Kultur dieses Landes anpassen. Ich lebe mit Chinesen zusammen, weil ich auch mit Chinesen arbeite. Ich möchte die Kultur dieses Landes verstehen, ich möchte die Menschen dieses Landes kennenlernen, ich möchte hier leben und meine Karriere in China entwickeln."

Beispiel 3: Innerer Kreis und äußerer Kreis

Herr Zhang, der in der chinesischen Niederlassung arbeitet, kennt Herrn Thomas von der deutschen Muttergesellschaft seit einem halben Jahr und sie gehen oft zusammen etwas trinken oder treiben Sport. Herr Zhang ist der Meinung, dass ihre Beziehung über die von Kollegen hinausgeht. Einmal hatte Herr Zhang ein Problem und benötigte die Hilfe von Herrn Thomas' Abteilung, um seine Schwierigkeiten zu beheben. Also fragte Herr Zhang Herrn Thomas, ob er helfen könne, aber dieser lehnte rundweg ab!

Analyse und Begründung

Das Paradoxe, was der „Gleichbehandlung" im deutschen Selbstverständnis entgegensteht, ist, dass man in Deutschland nicht den Eindruck erwecken will, dass man (Herr Thomas) jemandem (Herrn Zhang) aufgrund positiver zwischenmenschlicher Beziehungen irgendeinen Gefallen tut. In China schenkt man dem anderen in einer solchen Situation gewöhnlich mehr Hilfe und Vertrauen. Aber in den Augen der Chinesen sind die Deutschen nicht wirklich in der Lage, unabhängig der persönlichen Beziehungen faire Entscheidungen zu treffen.

Eine chinesische Befragte beklagte sich bei meinem Interview über ihren deutschen Manager: „Mein deutscher Chef hat drei Untergebene auf meiner Ebene. Der Bericht unserer Ebene ist sehr wichtig. Er sollte ihn zuerst lesen. Aber er liest ihn nicht, und was sieht er dann? Er behandelt das Dokument meines deutschen Kollegen wie einen Schatz, selbst wenn es sich um den Bericht auf sehr niedriger Ebene handelt, und verwendet es, um die Leistung aller Chinesen zu bewerten." Diese natürliche Unterscheidung zwischen „Insider" und „Outsider" führt dazu, dass sich chinesische Mitarbeiter unwohl und isoliert fühlen. Die gleiche Ansicht vertrat auch ein befragter chinesischer Mitarbeiter: „Als wir an dem Projekt arbeiteten, waren einige deutsche Mitarbeiter für den technischen Support im Projekt, und die Kommunikation zwischen ihnen verlief schneller. Sie treffen in vielen Dingen schnell eine Entscheidung, man wird nicht involviert und fühlt sich isoliert."

Auf der anderen Seite haben Deutsche in Joint Ventures gelernt, dass „Beziehungen" auch die Arbeit fördern oder behindern können. Wenn die Beziehung gut ist, trägt dies zur raschen Behebung von Problemen bei. Andernfalls tun sich Schwierigkeiten dabei auf, die Arbeit voranzutreiben. Wie die Interviewpartnerin sagte: „Wenn ich ein Problem habe und meine chinesische Führungskraft um Hilfe bitte, ruft sie eine andere Abteilungsleiterin an und löst es in zwanzig Sekunden. Das verblüfft mich sehr. Ich weiß, dass die Beziehung hier eine wichtige Rolle bei der Problemlösung spielt. Aber für uns Ausländer ist es schwierig, die Regeln der Beziehungen zu verstehen."

Zudem wird das Wort Beziehungen von den Deutschen als „zu undurchsichtig" empfunden, was sich grundlegend von der ursprünglichen Intention der Deutschen zum Aufbau von Beziehungen unterscheidet: „Einerseits arbeite ich mit meinen Kollegen daran, Vertrauen aufzubauen. Andererseits suche ich den Kontakt zu diesem Kollegen gezielt, denn wenn ich später einmal seine Hilfe benötige, ist es gut, wenn ich vorab schon bewusst eine Beziehung zu ihm aufgebaut habe. Ich bin nicht dieser Typ und möchte nicht so sein. Aber ich versuche es zu sein – freundlich zu anderen. In diesem Sinne haben wir etwas miteinander zu tun. Auch wenn er mir nicht hilft, werde ich mich nicht beschweren", sagte ein befragter Deutscher. Einige deutsche Interviewpartner verstanden Chinas Esstischkultur als eine Art „Bestechung". Solche Methoden, die Arbeitsprobleme außerhalb des Unternehmens zu lösen und über die Regeln hinauszugehen, empfanden sie als inakzeptabel: „Chinesen gehen gerne zusammen essen und diskutieren dabei leise. Mir macht das ein ungutes Gefühl. Ich möchte diesen Begriff nicht verwenden, aber es fühlt sich an wie eine ‚Bestechung'. Wir haben für ein üppiges Essen gesorgt – ein Bankett –, dafür müssen sie uns etwas zurückgeben. Das wird nicht funktionieren. Weil wir Europäer sind, müssen wir ablehnen, wir müssen uns an unsere Prinzipien halten, egal in welcher Situation."

Zusammenfassung

Jeder Chinese lebt und arbeitet in einer Reihe sozialer Beziehungsnetzwerke, angefangen vom umfangreichen Netzwerk der eigenen Familie über die gemeinsame Herkunft (Dialekt, Schule) bis hin zur Militäreinheit oder der eigenen Betriebsabteilung. Dieses Netzwerksystem sozialer Beziehungen wird ‚Guanxi-System' genannt.

Es ist für Chinesen ratsam, das Unglück anderer zu bemitleiden, sich über die Güte anderer zu freuen; der Dringlichkeit anderer nachzukommen; Menschen in Gefahr zu retten; die Gewinne anderer als die eigenen Gewinne zu sehen; die Verluste anderer als die eigenen Verluste zu sehen; die Unzulänglichkeiten anderer nicht zur Schau zu stellen; die eigenen Stärken nicht zur Schau zu stellen; das Böse zu zügeln und das Gute zu fördern; anderen mehr zu geben und weniger für sich selbst zu nehmen; gedemütigt zu werden und sich nicht zu beklagen; begünstigt zu werden und nicht selbstgefällig zu sein; anderen einen Gefallen zu erweisen, ohne eine Rückzahlung zu verlangen; anderen ohne Bedauern Almosen zu geben.

Der Konfuzianismus betont Liebe, Respekt, Demut, Sanftmut, gegenseitige Hilfe und Harmonie unter den Menschen. Er befürwortet kindliche Pietät, Brüderlichkeit, Wohlwollen und Liebe, um soziale Harmonie und Einheit zu erreichen, indem man die Menschen liebt und Konfrontation und Rivalität vermeidet. Der Konfuzianismus geht davon aus, dass der menschliche Anstand die allgemeine Regel für alle zwischenmenschlichen Beziehungen in der chinesischen Gesellschaft darstellt. Er misst den „verwandtschaftlichen" Beziehungen eine besondere Bedeutung bei und dehnt sie auf alle Aspekte der menschlichen Beziehungen aus.

Die deutsche Kultur wurde von jüdisch-christlicher Tradition, Aufklärung, Protestantismus und der langen Periode deutscher Kleinstaaterei beeinflusst. Der jüdisch-christlichen Tradition entsprechende Monotheismus entgötterte die Welt und öffnete sie damit den technischen und wissenschaftlichen Interessen der Menschen. Die Epoche der Aufklärung stellte in Europa den Übergang zur Moderne dar und bildet seither die nach wie vor gültige Basis der ‚Sachorientierung'. Dem Protestantismus fehlt ein kultisches Anliegen, etwa in Form der Anbetung oder spiritueller Opfer. Stattdessen verschob sich die Religiosität zunehmend auf die intellektuelle Ebene, das Verstehen, das Finden von Antworten für konkrete Probleme und auf Hilfe bei der Suche nach dem Absoluten. Das bedeutete auch, dass Beziehungen nicht immer wieder neu ausgehandelt werden mussten. Dementsprechend war eine ausgeprägte Konzentration auf die (gemeinsame) Sache oder Aufgabe einfacher.

Beispielanalyse

A ist Leiter im Bereich Karosseriebau und B ist Leiter der Lackiererei. In der Vorserienproduktion scheint es, dass wegen eines fehlenden Karosserietransferprozesses die fertiggestellten Karossen weder vom Karosseriebau noch von der Lackiererei aktiv transportiert werden, wodurch sich die Terminschiene verzögert und der Projektzeitplan beeinträchtigt wird. In diesem Monat hat der Manager A aktiv die Karossen zur Lackiererei geschickt.

Wären Sie Manager B, was machen Sie als nächstes?

Weiterführende Literatur

Duss, Daniel (2016). *Storytelling in Beratung und Führung. Theorie. Praxis. Geschichten.* Wiesbaden: Springer Fachmedien.
Eder, Jens (2010). *Figuren in der Werbung.* In: Leschke und Heidbrink, S. 295–323.
Ettl-Huber, Silvia (2014). *Storypotenziale, Stories und Storytelling in der Organisationskommunikation.* In: Ders., S. 9–26.
Fog, Klaus, Christian Budtz und Baris Yakaboylu (2005). *Storytelling. Branding in Practice.* Berlin und Heidelberg: Springer.
Hilzensauer, Andrea (2014). *Storytelling – Mit Geschichten Marken führen.* In: Ettl-Huber, S. 87–102.
Munzinger, Uwe/Musiol, Karl Georg (2009). *Markenkommunikation. Wie Marken Zielgruppen erreichen und Begehren auslösen.* München: Mi-Wirtschaftsbuch.
Sammer, Petra (2014). *Storytelling.* Köln: O'Reilly Verlag.

Schach, Annika (2016). *Storytelling und Narration in den Public Relations. Eine textlinguistische Untersuchung der Unternehmensgeschichte.* Wiesbaden: Springer Fachmedien.

Scheier, Christian/Held, Dirk (2012). *Wie Werbung wirkt. Erkenntnisse des Neuromarketing.* Freiburg: Haufe-Lexware.

Thier, Karin (2010). *Storytelling. Eine Methode für das Change-, Marken-, Qualitäts- und Wissensmanagement.* Berlin und Heidelberg: Springer Medizin Verlag.

Kapitel 8
Direktheit und Indirektheit

In einigen sozialen Gruppen, Nationen oder Gesellschaften wird dem sozialen und personalen Kontext, in dem Kommunikation stattfindet, große Bedeutung zugemessen, wohingegen in anderen sozialen Gruppen allein das gesprochene Wort, der Inhalt des Arguments und die konkrete Aussage wichtig sind. Dabei geht es nicht allein um die inhaltliche Bedeutung des Gesagten, sondern um das Verhalten, um die Interaktion des Sprechers und die Erwartungen des Zuhörers sowie um die Antizipation der Folgen des gegenseitigen Informationsaustausches und der interpersonalen Begegnung generell.

Personen, die es gewohnt sind, zu hinterfragen, ob das Gesagte tatsächlich gemeint war, wer der Adressat war, welche Wirkung das Gesagte haben könnte und ob es in dieser Situation überhaupt angebracht ist, zu sprechen, werden unter bestimmten Umständen eher als andere schweigen. Für alle, die ebenfalls einer solchen High-Context-Kultur angehören, ist gerade das Nichts-Sagen in dieser Situation hochrangig informativ.

Beispiel 1: Warum immer „Ja, gut" gesagt und nicht diskutiert wird

In der Studie „Bewertung chinesischer Konfliktmanagementstrategien in Joint Ventures" verwendeten Shuang Liu und Guo-Ming Chen[1] das Organizational Communication Conflict Instrument (OCCI) von Putnam & Wilson, einen fragebogenbasierten Ansatz, mit Befragten aus vier Joint Ventures in Nordostchina. Die Studie ergab, dass die Konfliktbewältigungsstile der Befragten, welche durch die dreißig Fragen des OCCI erfasst werden, in drei Strategien eingeteilt werden können: Nicht-Konfrontation, Kontrolle und Zusammenarbeit. Da in der chinesischen Kultur die Prinzipien „Frieden ist kostbar", „Harmonie in der Familie ist Wohlstand" und „Sei nachsichtig mit anderen" gelten, neigen chinesische Angestellte dazu, Meinungsverschiedenheiten zwischen chinesischen und ausländischen Mitarbeitern zu vermeiden. Chinesische Arbeitnehmer bemühen sich, Konflikten aus dem Weg zu gehen, wenn sie nicht einer Meinung sind. Sie versuchen, sich mit weniger zufriedenzugeben und sich mit der Situation abzufinden, um eine langfristige Beziehung zum gegenseitigen Nutzen aufzubauen. Was die Häufigkeit der Anwendung der drei Strategien betrifft, so wird die Strategie der Zusammenarbeit, d.h., der Problemlösung durch Diskussion, am häufigsten verwendet, gefolgt von der Strategie der Kontrolle, während die Strategie der Nicht-Konfrontation am seltensten angewendet wird. Die Diskussionsproblemlösungsstrategie, die von beiden Parteien verlangt, einen Konflikt zu diskutieren und unter Verwendung von Informationen aus

---

[1] Liu, Shuang & Chen, Guo-Ming (2000). „Bewertung chinesischer Konfliktmanagementstrategien in Joint Ventures." In: *Interkulturelle Kommunikationsstudien*, Heft 9, S. 71–88.

einer Vielzahl von Quellen eine umfassende Lösung zu finden, ist eine Konfliktbewältigungsstrategie, die sowohl Beharrlichkeit als auch Zusammenarbeit kombiniert. Die Studie ergab außerdem, dass die Kontrollstrategie, die einen machtorientierten Ansatz zur Konfliktbewältigung darstellt, häufiger von Führungskräften als von Mitarbeitern angewendet wird. Chinesische Arbeitnehmer sind weniger geneigt, die Kontrollstrategie anzuwenden, da sie nicht mit der chinesischen Kultur des Prinzips „Harmonie schafft Wohlstand" übereinstimmt, weil beide Parteien ihre eigenen Ansichten vertreten. Darüber hinaus greifen weibliche Angestellte eher zu nicht-frontalen Konflikttaktiken als männliche Angestellte, was mit dem traditionellen sozialen Status und der Rolle von Männern zusammenhängt.

Analyse und Begründung

Zunächst einmal glaubten im Hinblick auf die chinesische Aussage „Ja, gut" einige Befragte, das Wort „Ja" im Chinesischen bedeute nur eine Bestätigung und Gehorsam aus Höflichkeit. Dabei gibt es zwei weitere Bedeutungsmöglichkeiten, wenn Chinesen „Ja, gut" sagen: „Unter Umständen heißt es, dass sie die Aussage nicht verstanden haben, aber trotzdem bestätigen, um ihr Gesicht zu wahren. In anderen Fällen nutzen sie diese Aussage, um Gehorsam gegenüber den deutschen Geschäftspartnern oder Vorgesetzten zum Ausdruck zu bringen, auch wenn sie im Herzen anderer Meinung sind."

Eine solche Kommunikationsmethode verunsichert jedoch die deutsche Seite. Weil sich viele Unternehmen, die eine Lokalisierung in China anstreben, unsicher sind, nehmen sie das Feedback der Einheimischen sehr ernst: „Wir hoffen, dass unsere chinesischen Kollegen mit ihrer Zustimmung oder Ablehnung auf uns zugehen. Wir geben die Ziele vor, halten den Prozess aber offen, in der Hoffnung, dass die chinesischen Kollegen bessere und einfachere Wege einschlagen, um das Ziel zu erreichen", erzählt ein deutscher Ingenieur in China.

Deutsche priorisieren sachorientiertes Verhalten, während das Vertuschen von Problemen und das Streben nach Harmonie nicht als Tugend, sondern als Risiko angesehen werden. „In einem chinesischen Sprichwort heißt es: ‚Große Dinge werden verkleinert und triviale Dinge vernichtet.' Aber kleine Fehler verschwinden nicht von selbst. Wenn ein Fehler ignoriert wird, führt dies langfristig nur zu Problemen."

Sie bemängeln außerdem den Mangel an Nachvollziehbarkeit bei der Vermittlung von Informationen: „Hier kann ich die Leute nicht beiläufig fragen. Der Informationsfluss ist nicht sehr transparent."

Ähnlich sieht es ein anderer befragter Deutscher: „Für mich ist es schwierig, an Informationen zu kommen. Ich bin für ein paar Wochen nach Deutschland zurückgekehrt, um Urlaub zu machen. Während dieser Zeit hat mir niemand Informationen gegeben. Hier ist der Informationsfluss nicht reibungslos und ich fühle mich isoliert."

Das chinesische Sprichwort „Vorsicht in Wort und Tat, Respekt vor der chinesischen Tradition" ist in den Köpfen der Chinesen fest verankert. Der Meister sprach:

„Der Edle liebt es, langsam im Wort und rasch im Tun zu sein." 4.24 (子曰：„君子欲讷于言而敏于行。") Damit ist gemeint, dass Menschen zwar zur Tat schreiten sollen, aber ihre Worte mit Bedacht wählen sollen, da sie ansonsten sich selbst und andere verletzen und Ärger oder sogar Katastrophen verursachen können.

Alten chinesische Weisen zufolge ist es eine Schande, auf ein Versprechen keine Taten folgen zu lassen. ‚Gesagt, getan' wird als eine Art Beharren auf Ehrlichkeit verstanden. Das Problem ist, dass im wirklichen Leben die Beziehung zwischen dem, was gesagt wird und dem, was getan wird, komplex ist; nicht nur in Bezug auf Integrität, sondern auch auf viele andere Faktoren. Aus diesem Grund haben die Chinesen einen solchen Kommunikationsstil entwickelt.

Beispiel 2: Die Chinesen kommunizieren immer offener

Der Leiter des F&E-Zentrums eines multinationalen Konzerns in Nordchina wurde gerade von der deutschen Zentrale nach China entsandt. Er kommt aus Dänemark und denkt, er verfolge im Vergleich zu vielen deutschen und französischen Managern keinen besonders hierarchischen Führungsstil. Die Arbeit in seiner Abteilung erfordert viel Innovation und Diskussion, und Teamgeist ist gefragt, um Erfolge zu erzielen. Als er zuvor eine Abteilung in Deutschland leitete, inspirierte er die Mitarbeiter stets zu ausführlichen Gesprächen mit ihm, und sie diskutierten stets enthusiastisch. In China behält er seinen Führungsstil bei und ermutigt die Mitarbeiter zu Diskussionen. Aber auch drei Monate später ist die Arbeitsatmosphäre in der Abteilung dieselbe. Bei Meetings äußern sich die chinesischen Mitarbeiter zwar, vertreten aber keine konkrete Meinung. Nach Meetings ergreifen die chinesischen Mitarbeiter nicht die Initiative, auf ihren Vorgesetzten zuzugehen, um Arbeitsprobleme zu besprechen oder den Plan zu optimieren. Nur wenn sie auf unlösbare Schwierigkeiten stoßen, suchen sie ihn auf. Doch dadurch entwickeln sich aus vielen kleinen Problemen, die frühzeitig hätten gelöst werden können, große Probleme. Die Chinesen halten sich zurück, anstatt mit deutschen Mitarbeitern zu kommunizieren. Sie diskutieren zuerst unter sich und suchen dann den Vorgesetzten auf. Der chinesische Bericht kommt für ihn immer „zu spät", er braucht die Informationen bereits, wenn die Chinesen sie erstmals erhalten. So stellt er eine Regel auf, dass jeden Montagmorgen ein Meeting zwischen chinesischen und deutschen Mitarbeitern abgehalten wird. Der Gastgeber stellt den aktuellen Projektfortschritt vor und bestimmt die Atmosphäre des Treffens, auch Kaffee und Snacks werden vom Gastgeber organisiert. Die Ergebnisse jeder montäglichen Sitzung sind in Form eines Sitzungsprotokolls festzuhalten. Während dieses Prozesses stellt er fest, dass die chinesischen Mitarbeiter mehr von sich preisgeben. Einige stellen chinesische Sprichwörter und berühmte Sprüche vor, um die Gründe für ihr Denken zu erklären. Einige präsentieren aktuelle Ereignisse in China und ihre Vorhersagen für die Zukunft des chinesischen Marktes. Andere bringen Hochzeitseinladungen mit und hoffen auf rege Teilnahme. Die Kommunikationsstile nähern sich an, obwohl das Englisch einiger Chinesen sehr schlecht ist, aber sie suchen aktiv Hilfe von ihren deutschen Kollegen, einschließlich bei der Aussprache und sprachlichen Korrektur der PowerPoint-Inhalte.

Analyse und Begründung:

Den Chinesen ist es enorm wichtig, ihr Gesicht zu wahren. Ihr Englisch ist normalerweise nicht so gut wie das der Deutschen. Sie befürchten, sich aufgrund ihrer Aussprache, Formulierungen und grammatikalischer Fehler zu blamieren.

Bei unserer Recherche haben wir festgestellt, dass einige chinesische Manager in deutsch-chinesischen Joint Ventures in China nicht mehr Chinas traditionellem Glauben folgen, dass „Reden Silber und Schweigen Gold ist", sondern begonnen haben, den Führungsstil deutscher Manager in ihrer täglichen Arbeit nachzuahmen. „Zum Beispiel stellen sie höhere Anforderungen an die Mitarbeiter, wie mehr analytische Fähigkeiten, mehr Einsatz bei der täglichen Arbeit und beim Erledigen von Aufgaben, die Details der Installation des Produkts zu entdecken und das eigentliche Produkt besser zu verstehen", sagte ein interviewter Deutscher. Die befragten deutschen Kollegen von chinesischen Managern haben bemerkt, dass viele chinesischen Manager den Arbeitsprozess der regelmäßigen Berichterstattung akzeptiert haben: „Chinesische Manager verlangen heute wöchentliche Berichte über die Arbeit ihrer Untergebenen."

Eine andere Befragte drückte ihre Anerkennung und Dankbarkeit für die offenen Worte einer chinesischen Kollegin aus und akzeptierte ihre Ratschläge: „Sie hat mir klar gemacht, dass es unnötig ist, einen derart detaillierten Plan zu erstellen. Ich danke ihr dafür, dass sie offen mit mir gesprochen hat."

Andere Befragte bestätigten, dass die Chinesen begonnen haben, sich auf Diskussionen einzulassen und die Initiative zu ergreifen, um Trends zu erörtern. Ein Befragter hat die Fortschritte der Chinesen miterlebt, ihr Denken werde von den Deutschen beeinflusst, es sei zielorientiert: „Heute gibt es oft Meinungsverschiedenheiten in Meetings, aber es sind keine Konflikte. Ich denke, die Chinesen wurden von der Arbeitsweise der Deutschen beeinflusst. Sie arbeiten zielorientiert und streben direkt auf eine Lösung zu. Sie nehmen sich das deutsche Arbeitsdenken zu Herzen."

Nachdem die Deutschen erkannten, dass die Chinesen es nicht gewohnt waren, über Arbeitsgewohnheiten zu sprechen, führten die Befragten ein internes „Reporting Skills-Training" durch. Vor allem danach stellten die Deutschen fest, dass ihre Bemühungen Wirkung zeigten: „Nach meiner Schulung haben sie diesen Trend oft gemeinsam diskutiert."

Dies war nicht der einzige erfolgreiche Fall, der berichtet wurde. Was chinesische Mitarbeiter aus deutscher Sicht vermehrt brauchen, sind Selbstbewusstsein und Selbstvertrauen. Sie haben bemerkt: „Je länger die Leute hier arbeiten, desto eher werden sie mit der Zeit bereit sein, direkt auszudrücken, was sie sagen wollen."

Beispiel 2: Bescheidenheit und Höflichkeit lernen

„Um mit dem Präsidenten einer ausländischen Partnerfirma auf eine freundschaftliche Ebene zu wechseln, beschloss ein junger Firmenvertreter, die Barriere der Förmlichkeit einzureißen, die auch nach vielen Monaten noch zwischen ihm und diesem einschüchternd würdevollen, älteren Herrn bestand. Auf einer Cocktailparty der Partnerfirma näherte er sich also dem Präsidenten, klopfte ihm jovial auf die Schulter, raffte seine spärlichen Fremdsprachenkenntnisse zusammen und sagte, für jedermann vernehmbar, so etwas wie: „Hey, schön, Sie hier zu sehen, alter Bock." Der Präsident wurde aschfahl, verließ grußlos die Party und kündigte innerhalb der nächsten Tage die Zusammenarbeit mit der Firma auf. Das Versagen des jungen Firmenrepräsentanten ist eindeutig: Es mangelt ihm offenkundig an Einfühlungsvermögen und Kommunikationsfähigkeit in Bezug auf den ‚Normalitätsrahmen' der ihm augenscheinlich unbekannten Handlungsmuster des Gastlandes. Dies spricht nicht generell gegen seine soziale Handlungskompetenz, da sein Verhalten innerhalb seiner eigenen Lebenswelt vielleicht sogar als angemessen bewertet werden könnte. Es zeigt allerdings, dass ihm der Transfer seiner (eigenkulturellen) sozialen Handlungskompetenz auf interkulturelle Situationen nicht gelingt."

(Mit freundlicher Genehmigung von Jürgen Bolten © Bolten (2012), S. 128.)

Analyse und Begründung

Viele der befragten Deutschen denken zunächst über ihre eigene Kultur nach und finden, „Deutsche sind laut". Sehr oft hat die „emotionale Kommunikation" eine Art „Vorwurf an den Einzelnen" zur Folge und eine „vorzeitige und zu schnelle Reaktion führt dazu, dass zentrale Inhalte übersehen werden." So wie ein interviewter deutscher Manager in China über seine Landsleute und seine eigene Kultur sagte: „Wir können überhaupt nicht bescheiden sein. Deutsche sind zu konkurrenzfähig und zu laut ... Wir Deutschen scheinen auch Spaß daran zu haben. Wir sind bereit zu streiten. Bei einer Diskussion bringen alle ihre Argumente vor und übertönen einander gegenseitig." Eine solche emotionale Kommunikation greift rasch auf die persönliche Ebene über. Beide Seiten greifen sich gegenseitig an. Also muss die Art der Kommunikation geändert werden.

Dies wird besonders deutlich, wenn Deutsche auf den höflichen, zurückhaltenden und friedlichen Kommunikationsstil von Chinesen treffen: „Die Deutschen sind zu schnell, sie wollen zu direkt zum Thema kommen und sind dabei unvernünftig. Außerdem beachten sie nicht immer die Regeln der Höflichkeit. Wir haben gemerkt, dass uns nicht alle ernsthaft zugehört haben", erzählte ein befragter chinesischer Mitarbeiter.

Vor diesem Hintergrund lauten die Anpassungsstrategien des Befragten: „Sei still, trete zurück, beobachte und kommuniziere mehr" und „Wir sind Gäste in diesem Land und müssen bei der Sprachwahl und Argumentation vorsichtig sein."

Die Zeit, die chinesische Kollegen zu Beginn des Meetings mit Begrüßungen und Austausch von Höflichkeiten verbringen, ist eine sehr gute Investition. Diese Methode kann Konflikte vermeiden und zeugt von Respekt füreinander. „Das ist für uns Deutsche ein sehr wichtiges Studienthema, das ist gegenseitige Dankbarkeit." Die Deutschen drückten ihren Respekt vor der chinesischen Etikette aus und hofften, daraus zu lernen.

Beispiel 3: Nächstes Mal bitte keine Geschenke

Seit zwei Jahren lebt und arbeitet Sabine zusammen mit ihrem Mann in China. Als sie damals in China ankam, konnte sie noch kein Chinesisch sprechen. Sabine geht zum Chinesischunterricht und manchmal benutzt sie das gerade gelernte Chinesisch, um mit ihren chinesischen Kollegen direkt zu kommunizieren. Eine ihrer Bürokolleginnen, Zhou Jin, bemerkte, dass Sabine Chinesisch lernte, und kommunizierte aktiv mit ihr in einfachem Chinesisch, um ihr beim Erlernen der Sprache zu helfen.

Seit Sabine diese gute Freundin hat, ist sie sehr glücklich. Sie geht gern mit ihr zusammen ins Kaufhaus und nimmt an Veranstaltungen teil. Ihr Chinesisch wird dadurch immer besser. Diesen Monat feiert Jinjin ihren Geburtstag. Als Sabine das erfährt, kratzt sie all ihre Ersparnisse zusammen und kauft für Jinjin ein sehr teures Geschenk, eine Umhängetasche, die zurzeit populär ist. Sie geht davon aus, dass Jinjin sie bestimmt mögen wird. Als diese das Geschenk erhält, freut sie sich sehr. Nachdem sie es ausgepackt hat, ist sie überrascht und sagt zu Sabine: „Oh, meine Liebe, diese Tasche war bestimmt sehr teuer, nicht wahr? Vielen Dank! Aber beim nächsten Mal schenkst du mir bitte nicht mehr ein so teures Geschenk (auf Chinesisch 下次不要送礼物了。Xià cì búyào sòng lǐwùle)! Ich habe schon genug Umhängetaschen. Du brauchst wirklich nicht noch einmal ein so teures Geschenk für mich zu kaufen."

Nachdem sie das gesagt hat, essen sie und die anderen Freundinnen zusammen Kuchen, trinken Saft und singen Geburtstagslieder. Am Abend gibt es leckere gebratene Nudeln. Als Sabine nach Hause kommt, fragt ihr Mann: „Hat Jinjin sich über dein Geschenk gefreut?"

Sabine ist ein bisschen traurig und weiß nicht, wie sie antworten soll. Hat sie wirklich ein angemessenes Geschenk für Jinjin mitgebracht?

Quelle: Dieses Beispiel ist in abgewandelter Form entnommen aus Wu, Yin & Huang, Hefei (2017). „Endlich verstehe ich die Chinesen." Gröbenzell: Hefei Huang Verlag GmbH. S. 89–94.

Analyse und Begründung

Das Kompliment ist als eine Höflichkeitsstrategie im alltäglichen Sprachgebrauch bekannt und gilt als Schmierstoff für zwischenmenschliche Kommunikation. Durch das Kompliment bringt der Sprecher seinem Gegenüber eine positive Beurteilung entgegen, um die Beziehungen zu optimieren. In verschiedenen Kulturen herrscht eine unterschiedliche Gewichtung der Rolle, die dem sozialen Miteinander auf der einen und der Abgrenzung der persönlichen Sphäre auf der anderen Seite zukommt. (Raible,

1987, 164). Darüber hinaus dient ein Kompliment oft der Gesprächseröffnung, Kontaktpflege, Gemeinsamkeitsbekundung, Respektbezeugung, Ermunterung usw. Angesichts seines Gebrauchsspektrums findet es häufig Anwendung in sozialen Interaktionen.

Der Osten und der Westen haben unterschiedliche Geschenkkulturen. In Deutschland ist man der Meinung, dass Geschenke unter Freunden nicht sehr wertvoll sein sollten. Vor der Dienstreise nach Deutschland wird chinesischen Delegationen meist mitgeteilt, dass in Deutschland 10 Euro als Obergrenze für Geschenke gelten. Wenn der Empfänger ein Funktionsträger wie beispielsweise ein Beamter ist, dann fallen teurere Geschenke unter das Gesetz von Korruption und Bestechung. Beamte müssen das Geschenk beim Dienstvorgesetzten anmelden, der dann entscheidet, ob sie es zurückgeben müssen. Daher entscheidet sich die chinesische Delegation in der Regel dafür, chinesische Knoten, Seidenschals, Kunsthandwerke und andere Geschenke im Wert von mehreren hundert Yuan den wichtigsten Leitern der deutschen Seite zu schenken. Sie hoffen, dass diese Geschenke, die typisch chinesische Kultur und Geschichte repräsentieren, der deutschen Seite gefallen.

Aber diese Regel gilt nicht für Geschenke unter Chinesen. In China glaubt man, dass der Preis eines Geschenks in der chinesischen Geschenkkultur den Grad des Respekts ausdrückt, den der Schenkende dem Beschenkten entgegenbringt. Je teurer das Geschenk ist, desto mehr Respekt wird ihm entgegengebracht. So schenken die Chinesen beispielsweise Bargeld in einem roten Umschlag (auf Chinesisch *hongbao*), wenn ihre engen Verwandten, Klassenkameraden, Kollegen und Freunde heiraten, Kinder bekommen, beim Tod eines älteren Menschen oder bei einem Umzug, und der Wert dieses roten Umschlags liegt weit über 10 Euro.

In dieser Geschichte lernt Sabine im Chinesischunterricht die chinesische Kultur des Schenkens kennen und wählt ein teures Geschenk, um Jinjin ihre Dankbarkeit zu zeigen. Dabei verhält sich Sabine sehr chinesisch, und Jinjin ist glücklich und nimmt das Geschenk gern an, denn Jinjin weiß, dass zwischen den beiden eine reine Freundschaft besteht. Hier sind keine korrupten Motive im Spiel. Dabei haben der Osten und der Westen unterschiedliche Geschenktraditionen. Wenn Deutsche ein Geschenk erhalten, packen sie es in der Regel sofort aus und sagen: „Danke, das ist ein schönes Geschenk, es gefällt mir sehr gut!" Aber wenn ein Chinese ein Geschenk erhält, öffnet er es in der Regel nicht sofort, sondern erst hinterher, und teilt dem Schenker per Telefon oder WeChat mit: „Dieses Geschenk ist zu teuer. Ich habe schon genug Umhängetaschen. Kaufe beim nächsten Mal keine so teuren Geschenke mehr, sonst werde ich ärgerlich." Dabei handelt es sich um ein selbstverleugnendes Kompliment, um die Wertschätzung des anderen durch die Minimierung der Wertschätzung seiner selbst zu maximieren. Der Beschenkte freut sich tatsächlich. In Deutschland darf man auch sagen, dass ein Geschenk zu teuer war und dass beim nächsten Mal nicht so teure Geschenke gekauft werden sollen. Was man aber *nicht* sagen kann, ist, dass man schon „genug" Umhängetaschen oder „genug" Puppen hat. Das ist aus deutscher Sicht eine grobe Beleidigung, weil dadurch das Geschenk, das Sabine gekauft hat, abgewertet wird.

Zum Beispiel übersetzte die Sinologin und Übersetzerin Monika Motsch in „Die umzingelte Festung" die Antwort auf das Schenken „过奖 (Sie schmeicheln mir!)" absichtlich mit „Dankeschön". Das Wort „过奖" wird oft in der chinesischen Komplimentantwort verwendet, um die Selbstabwertung auszudrücken, was bedeutet, dass jemand das Lob des anderen nicht verdient. Die deutsche Übersetzung „Dankeschön" weist darauf hin, dass man das Lob der anderen Partei akzeptiert. In diesem Fall sollte Sabine eigentlich keine Sorgen haben, etwas falsch gemacht zu haben, sondern zur Kenntnis nehmen, dass es sich um eine chinesische Höflichkeit handelt. In der Tat wurde dieser Punkt auch in der westlichen Wissenschaft thematisiert, z. B. im Prinzip der Bescheidenheitsmaxime, nämlich „Minimiere die Wertschätzung und maximiere die Geringschätzung deiner selbst."[2]

Zusammenfassung

Die chinesisch-deutsche Wirtschaftskommunikation bezieht sich auf die folgenden Dimensionen: High- und Low-Context-Kultur, zwischenmenschliche Beziehungen, Kollektivismusorientierung und Machtdistanz.

In der Kommunikation müssen vor allem die zwischenmenschlichen Beziehungen berücksichtigt und das „Gesicht" des anderen gewahrt werden, so der allgemeine Konsens der chinesischen Mitarbeiter. Einige Wissenschaftler glauben sogar, dass „einige Kommunikation nur um des Gesichts willen erfolgt und im Grunde nicht zu viele Informationen enthält, sondern Schmeicheleien oder Komplimente", so Ting-Toomey (1999).[3] Die Kommunikation in der Low-Context-Kultur bezieht sich in der Regel auf die Wahrung des eigenen Gesichts, während in der High-Context-Kultur beide Kommunikationsparteien nicht nur darauf achten, ihr eigenes Gesicht zu wahren, sondern auch das des anderen zu berücksichtigen. In den Interviews der befragten deutschen Mitarbeiterinnen und Mitarbeiter, die als Expatriates mit Chinesen zusammenarbeiten, ist bei Fragen zu ihren eigenen Reflexions- und Anpassungsstrategien zu erkennen, dass sich die deutschen Expatriates um den aktiven Aufbau persönlicher Beziehungen bemühen. Dies alles zeigt, dass sie sich bewusst sind, dass Kommunikation „private Beziehungen" fördert oder zerstört. Es zeigt auch, dass die

---

2   Auf der Grundlage der Balance von Kosten und Nutzen unterteilt Leech das Höflichkeitsprinzip in sechs Maximen: Taktmaxime, 1) Minimiere die Kosten für den anderen. (Maximiere den Nutzen für den anderen.) Großzügigkeitsmaxime, 2) Minimiere den Nutzen für dich selbst. (Maximiere die Kosten für dich selbst.) Anerkennungsmaxime, 3) Minimiere die Geringschätzung des anderen. (Maximiere die Wertschätzung des anderen.) Bescheidenheitsmaxime, 4) Minimiere die Wertschätzung deiner selbst. (Maximiere die Geringschätzung deiner selbst.) Zustimmungsmaxime, 5) Minimiere Unstimmigkeiten zwischen dir selbst und dem anderen. (Maximiere die Übereinstimmung zwischen dir selbst und dem anderen.), Sympathiemaxime, 6) Minimiere Antipathie zwischen dir selbst und dem anderen. (Maximiere die Sympathie zwischen dir selbst und dem anderen.)
3   Ting-Toomey, S. (1999). *Communicating across Cultures*. New York.

Ausrichtung der Kommunikation und der Kulturdimension „Kollektivismus" eng miteinander verbunden sind. Wie Gudykunst und Lee feststellten: „Menschen in einer kollektivistischen Kultur achten normalerweise mehr auf soziale Gruppennormen und versuchen, „angemessen" zu handeln. Es gibt einen Unterschied zwischen Innen und Außen; die Menschen, die in einer individualistischen Kultur leben, achten mehr auf sich selbst, dem Kommunikationskontext und der Identität und Beziehung des Kommunikationspartners wird nicht mehr Aufmerksamkeit geschenkt."[4]

Darüber hinaus hängt die Machtdistanz mit dieser Dimension zusammen. Gibsons (1998) Untersuchungen ergaben, dass „in einer Kultur mit großer Machtdistanz die Menschen dazu neigen, bei relativ formellen Anlässen (wie Meetings) eine ernsthaftere Art der Kommunikation zu wählen." Aufgrund von Ehrfurcht vor den Führungskräften ist der „Vertrauensmechanismus", nämlich „den Fremden nicht zu vertrauen", bei chinesischen Mitarbeitern stärker ausgeprägt. Daher diskutieren sie nicht, sondern schweigen oder schauen beim Sprechen immer auf die Führungskraft, damit sie sicher sind, dass sie nichts Unpassendes gesagt haben. Diese Verhaltensweisen sind Ausdruck ihres Respekts gegenüber der Führungskraft. Die Reaktion chinesischer Mitarbeiter auf Stress ist, dass sie zeigen wollen, dass sie alles können und nicht auf Hilfe von außen angewiesen sind. Schließlich zeigt sich das mögliche Problem bei der Kommunikation mit Chinesen darin, dass die Chinesen in der Außenwelt vereint sind und nach Einheit streben, während die Europäer einen persönlichen Stil verfolgen.[5] Eine „andere Meinung zu vertreten", wird bei Deutschen positiv bewertet. Dies steht im Gegensatz zur chinesischen Kultur, nach Gemeinsamkeiten zu suchen und gleichzeitig Unterschiede zu bewahren. Erst wenn sich die chinesischen Mitarbeiter sicherer und entspannter fühlen, äußern sie ihre Meinung. Auch ihre Kommunikationsfähigkeiten wurden mit Hilfe der deutschen Kollegen verbessert.

Bei der Geschäftskommunikation werden „direkte Kommunikation" als positiver Faktor und „mangelnde emotionale Kommunikation" als negativer Faktor gewertet. Daher sollten die beiden kombiniert werden, um ein Ergebnis zu erzielen, nämlich „direkte Kommunikation durch harmonische Beziehungen".

Beispielanalyse

Herr Wang war früher bei einem deutschen Unternehmen in China angestellt und kommt jetzt nach Düsseldorf, um für das Unternehmen zu arbeiten. Heute berichtet er seinem Vorgesetzten, Herrn Müller, über die Schwierigkeiten, die er kürzlich bei der Aushandlung eines möglichen Vertrags mit einem deutschen Unternehmen mit Sitz in

---

[4] Gudykunst, W.B. & Lee, M.C. (2002). Cross-Cultural Communication Theories. In: Gudykunst, W.B. & Mody, B. (Hgg.), *International and Intercultural Communication*, S. 25–50. Thousand Oaks, CA: Sage Publications.
[5] Peill-Schoeller, Patricia (1994). *Interkulturelles Management. Synergien in Joint Ventures zwischen China und deutschsprachigen Ländern.* Berlin. S. 78.

Düsseldorf hatte. Herr Wang erwähnt, dass Herr Roberts, der Vertreter dieses deutschen Unternehmens, am Ende des Treffens müde und frustriert wirkte. Herr Wang sagt, er sei darüber verwirrt, weil er dieses Treffen für sehr informativ hielt. Herr Wang gibt jedoch zu, dass er wütend über Herrn Roberts' Beharren darauf war, eine sofortige Entscheidung zu treffen und vertragsbezogene Fragen zu beantworten. Daher hält es Herr Wang für notwendig, diese Angelegenheiten mit Herrn Müller und seiner Abteilung zu besprechen. „Ich musste ihm sagen, dass ich seine Frage nicht beantworten konnte, was mich sehr unglücklich machte", sagt Herr Wang zu Herrn Müller. „Aber zu allem Überfluss sagte Herr Roberts schließlich: ‚Nun, ich bin bereit, meinen Preis um 15 % zu senken, aber nur, wenn Sie den Vertrag sofort hier unterschreiben.'" „Was haben Sie dann gemacht?", fragt Herr Müller. „Ich habe ihm gesagt, dass ich ihm später antworten werde", antwortet Herr Wang. „Wenn Sie diese Dinge hier nicht zuerst klären, kann ich nicht alle seine Fragen beantworten." „Herr Roberts scheint nicht geduldig genug zu sein, aber wir müssen den Deal schnell abschließen, um die Details zu besprechen und eine Entscheidung zu treffen", antwortet Herr Müller.

Kapitel 9
Hierarchie und Gesellschaftsordnung

Beim Management spricht man oft von 3F: Führen, Fördern und Fordern. Wenn man jedoch die Mitarbeiter führt, fördert und fordert, denkt man sehr wahrscheinlich an das Wort „Respekt" voreinander. Die Qualität des Arbeitslebens wird durch verschiedene Formen zwischenmenschlichen Respekts geprägt. Eine erlernte und ritualisierte Form des Respekts spiegelt sich in einem höflichen Umgang miteinander wider. Wie weit es um einen tiefer gehenden Respekt bestellt ist, zeigen allerdings oft erst Krisen und Konflikte. Steht der Begriff ‚Hierarchie' dabei im Gegensatz zum Begriff ‚Respekt'? Auf diese Frage wird anhand der folgenden Geschichten eingegangen.

Beispiel 1: Dialog über das Konzept der Hierarchie in der chinesischen und deutschen Geschäftskommunikation

Es folgt eine Diskussion zwischen einem chinesischen Manager (Herr Cheng), einem schwedischen (Herr Alvfor) und einem deutschen Mitarbeiter (Herr Schmidt) in einem deutsch-chinesischen Joint Venture über das hierarchische Management in der chinesisch-deutschen Wirtschaftskommunikation:

Moderator: Ich habe gehört, dass der Osten und der Westen im deutsch-chinesischen Kulturkonflikt unterschiedliche Auffassungen über das Konzept des hierarchischen Führungsstils vertreten. Die deutsche Seite ist der Meinung, dass das chinesische Führungskonzept von stärkerer Hierarchie geprägt ist und dass fast alles von der Führungskraft entschieden wird, bevor die Mitarbeiter es umsetzen. Die chinesische Seite hingegen ist der Meinung, dass westliches Management aufgrund der ständigen Diskussionen Zeitverschwendung bedeutet, während demokratischer Zentralismus eine effizientere Art der Verwaltung darstellt. Was denken Sie beide darüber?

__Herr Cheng, der chinesische Manager__: Es gibt einen Unterschied zwischen chinesischen und ausländischen Führungsstilen. Ein westlicher Manager hat das Gefühl, dass die Mitarbeiter seine Arbeit unterstützen, während ein chinesischer Manager die Auffassung vertritt, dass es seine Aufgabe ist, ein Team zu führen, um die Arbeit gut zu erledigen. Aber die meisten chinesischen Manager sind nicht selbstherrlich und patriarchalisch, und wenn Sie mit chinesischen Führungskräften arbeiten, werden Sie feststellen, dass chinesische Manager Mitarbeiter gern emotional motivieren und mehr die zwischenmenschlichen Beziehungen berücksichtigen. Wir fragen uns zum Beispiel: „Wie können wir die Mitarbeiter ohne zu viele Anreize motivieren?" Ich denke, chinesische Manager versuchen eher, ihre Angestellten auf emotionaler Ebene zu erreichen, sie kümmern sich mehr um sie und ihr Privatleben. Ich unterhalte mich oft mit meinen Mitarbeitern über ihre Arbeit und Familie, erkundige mich, ob es ihnen gut geht oder ob sie Hilfe von mir brauchen. Außerdem versuche ich, ihnen mit Ratschlägen und Leitlinien für die Zukunft zur Seite zu stehen, auch was ihr Privatleben betrifft. Darüber hinaus spielen das Alter, aber auch die Dienstjahre immer noch eine entscheidende Rolle bei der Einschätzung der chinesischen Mitarbeiter durch die chinesischen Führungskräfte.

Moderator: Herr Alvfor, Sie kommen aus Schweden und arbeiten derzeit in einem deutsch-chinesischen Joint Venture. Was halten Sie von dem Konzept der Hierarchie hier?

Herr Alvfor, ein schwedischer Mitarbeiter: Der größte Unterschied, den ich hier wahrgenommen habe, liegt darin, dass Hierarchien in diesem Joint Venture immer noch von großer Bedeutung sind. In Deutschland sind sie etwas stärker ausgeprägt als zum Beispiel in Schweden, wo wir uns alle mit „Du" anreden. Auch die ranghöchsten Führungskräfte in Schweden können mit ihren Mitarbeitern sehr persönlich umgehen, während die Mitarbeiter in Deutschland großen Respekt vor ihren Führungskräften haben. Ich glaube nicht, dass dies eine besondere Rolle dabei spielt, ob man einander gut versteht oder nicht. Der Hauptunterschied liegt auf der Ebene der Entscheidungsfindung. Das heißt, es muss eine Diskussion über die Arbeitsaspekte geführt werden, denn es gibt einige ungenau definierte Bereiche im Produktionsprozess, unklare Aufgabenteilung usw. Auch in diesem Joint Venture wird diskutiert, aber immer auf zwei verschiedenen Ebenen, und am Ende ist es unmöglich, eine Lösung zu finden. Wenn ein Problem auftritt, sollten wir die normalen Angestellten in den Entscheidungsprozess einbinden, aber wir halten uns viel zu lange auf der ersten Ebene (der Führungsebene) auf und diskutieren ständig darüber, in der Hoffnung, dass am Ende eine Entscheidung getroffen wird. Die Diskussionen dauern in der Regel sehr lange.

Moderator: Herr Schmidt, Sie kommen aus Deutschland. Was halten Sie vom Konzept des hierarchischen Führungsstils in China?

Herr Schmidt, ein deutscher Mitarbeiter: „Vor meiner Ankunft in China hörte ich, dass chinesische Führungskräfte und Mitarbeiter nicht nach Belieben von Angesicht zu Angesicht miteinander sprechen und nicht direkt sagen, was passiert ist. Vor drei Wochen habe ich eine solche Szene mit eigenen Augen miterlebt. Wir haben uns mit den chinesischen Vertretern eines staatlichen Unternehmens getroffen. Es kamen zwei Ingenieure zu unserem Treffen. Einer der beiden war der Chef und der andere ein gewöhnlicher Angestellter. Der Untergebene musste von Zeit zu Zeit in die Augen seines Chefs schauen. Er hatte immer Angst, die Autorität des Chefs zu verletzen. Aus Ehrfurcht vor den Führungskräften, glaube ich, dass die chinesischen Mitarbeiter es nicht wagen, Feedback zu geben."

(...)

Analyse und Begründung

Aus deutscher Sicht beschränkt sich das chinesische Hierarchiekonzept nicht nur auf den Respekt vor Führungskräften, sondern auch vor älteren Menschen. Das bringt zwei

Konsequenzen mit sich: Auf der einen Seite sind der Respekt vor den Älteren und die Zuneigung gegenüber den Jüngeren positive Eigenschaften der chinesischen Gesellschaft. Sie sind Grund für die Wärme und den gegenseitigen Respekt unter Menschen. Auf der anderen Seite können sie jedoch dazu führen, dass junge Menschen es nicht wagen, ihre Ideen zu äußern. Nur sehr wenige junge Menschen bringen ihre guten Ideen zum Ausdruck. „In Deutschland ist nur die Führung hierarchisch, und die Älteren in China können auch Führungskräfte sein", sagte ein interviewter Deutscher.

Die Deutschen finden, dass ein deutlicher Unterschied in der chinesisch-deutschen Wirtschaftskommunikation im Konzept der Hierarchie liegt. Sie selbst legen einen großen Wert auf ihre persönliche Arbeitsmoral. Sie sind der Auffassung, jeder sollte freiwillig seinen eigenen Beitrag zum gemeinsamen Erfolg des Unternehmens leisten und hart arbeiten, um seine Aufgabe gut zu erledigen.

Nach der Lehre von Sunzi, dem berühmten Militär- und Staatsmann aus der Zeit der Frühlings- und Herbstannalen Chinas, der als der Weise des Krieges oder Sun Tzu (Sun Wuzi) verehrt wird, wurde die Beziehung zwischen dem Manager und dem Mitarbeiter wie folgt beschrieben:

原文：道者，令民与上同意也。故可以与之死，可以与之生，而不畏危。（计篇）
Deutsche Übersetzung: „Moralischer Einfluss' bedeutet, die vollkommene Loyalität der Bevölkerung gegenüber ihrem Souverän zu bewirken, so dass sie bereit ist, trotz Gefahr für ihn zu leben und zu sterben" (Sunzi: Die Kunst des Krieges).

Beispiel 2: Respekt und Ehrfurcht

„Gua Sha Treatment" ist ein Film aus dem Jahr 2001. Er erzählt die Geschichte von Chinesen im Ausland, die durch den Konflikt zwischen östlicher und westlicher Kultur in Konflikte geraten und deren Schwierigkeiten schließlich durch die Aufrichtigkeit und Liebe der Menschen untereinander überwunden werden. Datong, der Protagonist, ist ein Spieleentwickler, der hart arbeitet und dessen Bemühungen belohnt werden. Bekannt ist der Film besonders für die folgende Sequenz:

Auf der Anerkennungskonferenz der Industrie gewann Datong den ersten Preis für das von ihm entworfene Spiel. Als er die schwere Trophäe in der Hand hielt, sagte er aufgeregt: „Ich liebe Amerika!" Nach der Preisverleihung geriet sein Sohn Dennis in einen Streit mit dem Sohn seines Chefs John. Dennis schlug das Kind seines Chefs und Datong forderte seinen Sohn auf, sich zu entschuldigen. Als der Sohn sich weigerte, schlug ihn Datong, einerseits aus Erziehungsgründen, andererseits, um vor seinem Chef und dessen Familie sein Gesicht zu wahren. Er wollte dadurch seinem Chef Achtung entgegenbringen, seinen Sohn lehren, seine Freunde zu respektieren und ihm eine Lehre erteilen. Sein Chef konnte das nicht verstehen und andere Amerikaner (einschließlich Dennis, der in Amerika aufgewachsen war) beharrten darauf, dass Väter, die ihre Kinder schlagen, böse seien und der Versuch, auf diese Weise Respekt gegenüber anderen zu äußern, von noch mehr Skrupellosigkeit zeuge.

Analyse und Begründung

Erstens kommen wir auf die Beziehung zwischen Vater und Sohn zu sprechen. Die beschriebene Szene zeigt die Unterschiede zwischen östlichen und westlichen Konzepten der Familienerziehung: das hierarchische Konzept und die Dilemmata der kulturellen Identität von Einwanderern im Prozess der sozialen interkulturellen Anpassung.

Einerseits ist die Familie die kleinste Einheit der Gesellschaft, und die Ziele und Wege der Familienbildung spiegeln ihre sozio-historische und kulturelle Entwicklung. Was die konkreten Ziele betrifft, so zielt die Familienerziehung in China darauf ab, den Nachwuchs zu „talentierten" Kindern zu erziehen (talentiert bedeutet, dass sie in der Schule hervorragende Leistungen erbringen, eine gute Schule besuchen und einen Hochschulabschluss erlangen), damit sie in der Zukunft erfolgreich sind, Karriere machen und alle Voraussetzungen erhalten, um ein ideales Leben zu führen. Im Film erzählt Xu Datong während der Anhörung, in der er sich wegen Kindesmisshandlung verteidigen muss, was er von Dennis in der Zukunft erwartet, um zu beweisen, dass er ein guter Vater ist, der seine Kinder liebt und nicht misshandelt: dass er Wissenschaftler, Künstler, Präsident oder Millionär wird ... und zeigt, dass er Dennis als die Fortsetzung seines Lebens und der Xu-Familienlinie sieht. Xu Datong hat einen ausgeprägten Sinn für Initiative und Verantwortung bei der häuslichen Erziehung von Dennis. Er ignoriert die Interessen und Wünsche seines Kindes, weil er der Meinung ist, dass Dennis zu jung ist, um zu wissen, was richtig ist, und es in seiner Verantwortung und Pflicht liegt, seinen Sohn auf den richtigen Weg zu führen.

Ziel der amerikanischen Familienerziehung ist es, Kinder zu „sozialen Wesen" heranzuziehen, die in der Lage sind, sich an verschiedene Umgebungen anzupassen und eigenständig zu leben. Um ein solches „soziales Wesen" heranzuziehen, müssen die Eltern die Persönlichkeit des Kindes, seine sozialen Fähigkeiten und sein Zusammengehörigkeitsgefühl berücksichtigen, um das Kind besser auf die Gesellschaft vorzubereiten. Dieser Unterschied in der Familienerziehungsphilosophie zwischen den USA und China kann nicht vom Einfluss der historisch vorherrschenden wirtschaftlichen Formation getrennt werden. China ist ein Land mit einer langen Geschichte, die von einer überwiegend kleinbäuerlichen Wirtschaft, geringer Mobilität und dem Einfluss des kaiserlichen Prüfungssystems geprägt ist, das noch immer die Bildungsvorstellungen der Eltern beeinflusst. Die Vereinigten Staaten hingegen sind eine multikulturelle Einwanderernation mit einer relativ kurzen Geschichte und werden weniger von historischen Einstellungen beeinflusst. Die boomende industrielle Revolution hat die Zahl der Arbeitsplätze in den Vereinigten Staaten erhöht, wodurch die Beschäftigung in den Vereinigten Staaten verhältnismäßig stressfreier geworden ist. Infolge dieses Einflusses haben amerikanische Eltern eine breitere Sicht auf die Berufswahl und entwickeln daher vor allem die sozialen Anpassungsfähigkeiten ihrer Kinder. Andererseits argumentiert Yang (2007), dass der Zweck der

Familienerziehung in den Vereinigten Staaten unidirektional ist, d.h., die Älteren sind nur dafür verantwortlich, sich um die Jüngeren zu kümmern. Im Gegensatz dazu ist der Zweck der Familienerziehung in China manchmal eher „rückkoppelnd", wobei die Eltern ihren Kindern eine vielfältige Erziehung zukommen lassen und sich gleichzeitig Sorgen um die künftige Entwicklung ihrer Kinder machen, teils aus elterlicher Verantwortung, teils in der Hoffnung, im Alter von ihnen versorgt zu werden.

Chinesische Familien legen großen Wert auf den Gehorsam der Kinder gegenüber ihren Eltern. Kinder haben zu Hause weniger Wahlmöglichkeiten, und viele Dinge werden nach den Wünschen der Eltern erledigt oder die Eltern kümmern sich um sie. Auch am Arbeitsplatz wird von den Mitarbeitern erwartet, dass sie ihren Vorgesetzten und Führungskräften, einschließlich der ihnen nahestehenden Personen, ausreichend Respekt entgegenbringen. Amerikanische Familien schätzen Demokratie und Gleichheit und respektieren die Individualität und die Rechte ihrer Kinder. Sie behandeln Kinder als eigenständige und gleichberechtigte Mitglieder der Familie und führen eine Beziehung auf Augenhöhe. Die Eltern mischen sich nicht in die Angelegenheiten ihrer Kinder ein. In der im Beispieltext beschriebenen Szene zwingt Xu Datong Dennis dazu, sich beim Sohn des Chefs zu entschuldigen. Als Dennis sich weigert, ohrfeigt Xu Datong Dennis direkt vor den Augen der Menge. Als Dennis Xu Datong im Zorn ignoriert, beruhigt Xu Datongs Vater seinen Enkel mit den Worten: „Eine Tracht Prügel ist ein Kuss und eine Schelte ist Liebe." In Dennis' Augen sieht sein Vater ihn als sein Eigentum an und respektiert Dennis' Unabhängigkeit als Mensch nicht, was Dennis' Selbstwertgefühl beeinträchtigt.

Zweitens behandeln wir die Beziehung zwischen Xu Datong und seinem Chef. Tatsächlich ist die Beziehung zwischen Führungskräften und Mitarbeitern in alten chinesischen Kulturtexten klar definiert, wonach die Erwartungen der Untergebenen an ihre Führungskräfte wie folgt lauten: Der „General" steht für Weisheit, Aufrichtigkeit, Barmherzigkeit, Tapferkeit und Strenge. (Stratagem, S. 5) („将者，智、信、仁、勇、严也", 计篇，S. 4). Laut den „Qu Li"-Schriften muss man sich im Umgang mit anderen respektvoll und streng verhalten. Die Haltung sollte würdevoll, anständig und bedacht sein, und die eigenen Worte vernünftig und rational.

In der deutschen Kultur gilt der Respekt bei dem obigen Fall nur für den Chef und den Vater, jedoch nicht für die Mitarbeiter und den Sohn. Catharina Decker und Niels Van Quaquebeke (2015) unterscheiden zwischen horizontalem und vertikalem Respekt:

> „Der Kant'sche Achtungsbegriff gebietet, dass jeder Mensch aufgrund seiner Würde nicht nur als Mittel zum Zweck, sondern immer auch als Zweck in sich selbst betrachtet werden sollte. Diese traditionsreiche Sichtweise entspricht in erster Linie dem, was nach einer zeitgenössischen Unterscheidung als horizontaler Respekt bezeichnet wird: Horizontalen Respekt zu zeigen bedeutet, sein Gegenüber wie einen Gleichgestellten, also auf Augenhöhe zu behandeln. Hingegen wird im Sprachgebrauch der Begriff Respekt auch häufig für eine Anerkennung von Leistung verwendet, die mit einer Augenhöhe nicht so recht zusammenpassen will.

In diesem Sinne wird dann von vertikalem Respekt gesprochen. Dieser entsteht aufgrund eines sozialen Vergleichs: Man zollt jemandem Respekt, weil er bezüglich einer relevanten Vergleichsdimension überlegen ist, sich also auf einem anderen Niveau bewegt." (Van Quaquebeke et al. 2007)

Dieser vertikale Respekt bildet die Grundlage für vertikal respektierte Führung. Hier geht es um den Grad, in dem eine Führungskraft von ihren Mitarbeitern als solche respektiert wird.

Beispiel 3: Sitzordnung und Arbeitsatmosphäre

Auch die Sitzordnung und Arbeitsatmosphäre bei den drei von mir befragten chinesisch-deutschen Joint Ventures in Nordchina wies Unterschiede auf, die auf den durch die Eigenkapitalquote bestimmten Hierarchiekonzepten basieren. Bei der Firma A beträgt das deutsche und chinesische Aktienverhältnis 40:60. Der Abteilungsleiter arbeitet in einem Büro, vier Kollegen in einem anderen. Während der zwei Stunden, in denen ich zu Besuch war, sprach niemand laut, alle beschäftigten sich mit ihrer eigenen Arbeit. Bei der Firma B beträgt das deutsche und chinesische Aktienverhältnis 60:40: Der Chef saß in einem von Glaswänden umgebenen Büro und kam von Zeit zu Zeit heraus, um mit den Kollegen im Großraumbüro zu kommunizieren. Bei der Firma C beträgt das deutsche und chinesische Aktienverhältnis 50:50. Die deutschen und chinesischen Kollegen und Führungskräfte arbeiteten alle in einem großen Büro. Ohne Vorstellung konnte ich nicht identifizieren, wer der Leiter ist, denn er und alle Mitarbeiter hatten die gleiche Büroausstattung.

Dies zeigt, dass sich die am stärksten hierarchische Unternehmenskultur in Joint Ventures mit einem relativ hohen chinesischen Anteil herausgebildet hat. Ob auf der verbalen Ebene (zwei Stunden Schweigen) oder auf der superverbalen Ebene (Trennung des Büros von den Mitarbeitenden durch eine Wand), es zeigt, dass Hierarchien im chinesischen bzw. im asiatischen Arbeitsstil deutlicher sind als im deutschen oder allgemein westlichen Arbeitsstil.

Kapitel 9: Hierarchie und Gesellschaftsordnung

Abb 9-1: Strukturdiagramm eines typischen deutschen Büros

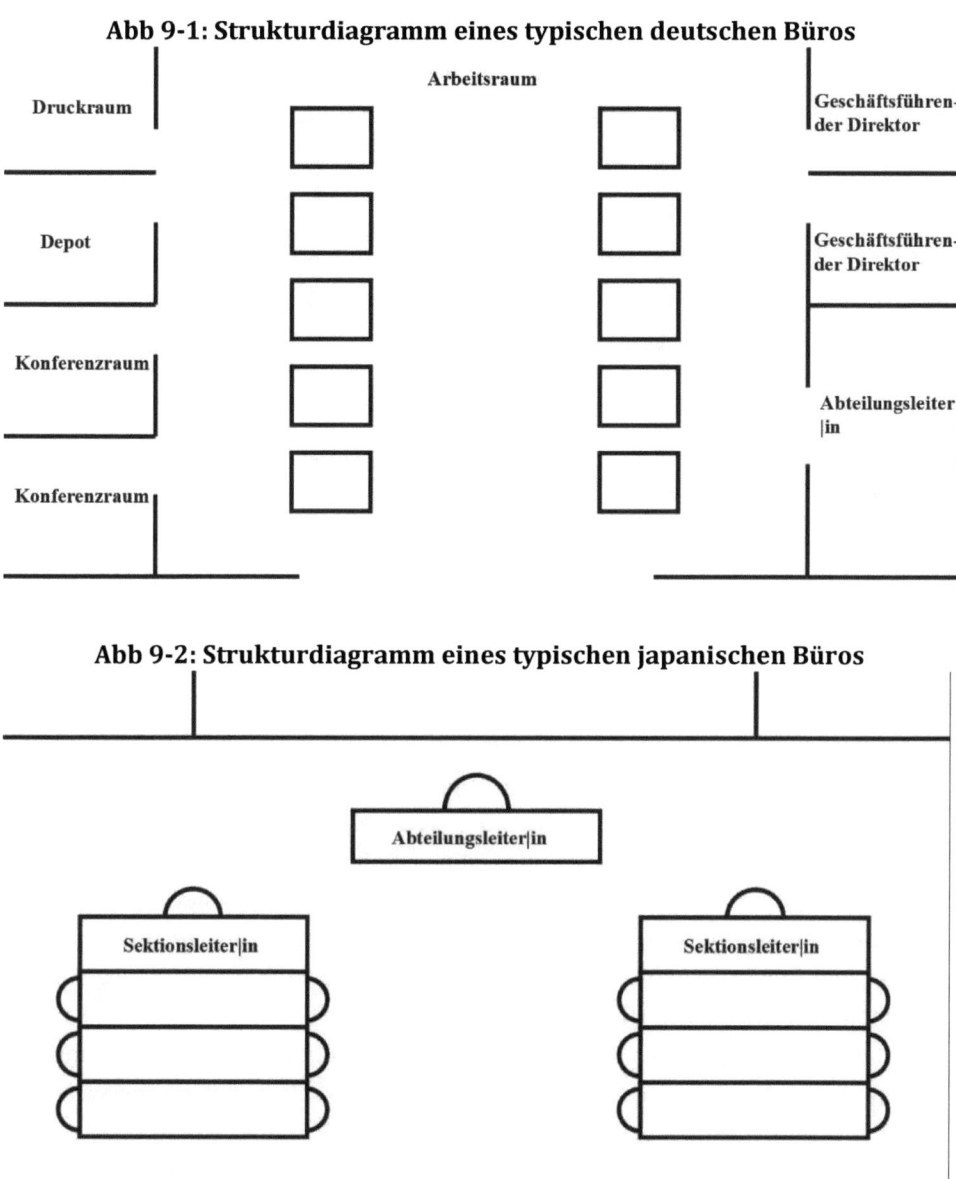

Abb 9-2: Strukturdiagramm eines typischen japanischen Büros

Die Tische sind im folgenden Beispiel zu einem großen O oder Rechteck (Abb. 9-3) angeordnet, es gibt also keine erkennbare Platzhierarchie. Deshalb eignet sich diese Form besonders gut für Teambesprechungen mit kreativen, projektbezogenen oder interpersonellen Themen. Die dennoch spürbare Distanz der einzelnen Tischreihen zueinander dient dabei als Schutzraum und hilft, sich besser zu öffnen. Völlig ungeeignet ist das Rechteck für Präsentationen, weil dann immer eine Reihe mit dem Rücken zur Leinwand sitzt.

Abb 9-3: Strukturdiagramm in Form eines O oder Rechtecks für eine interaktive Teambesprechung

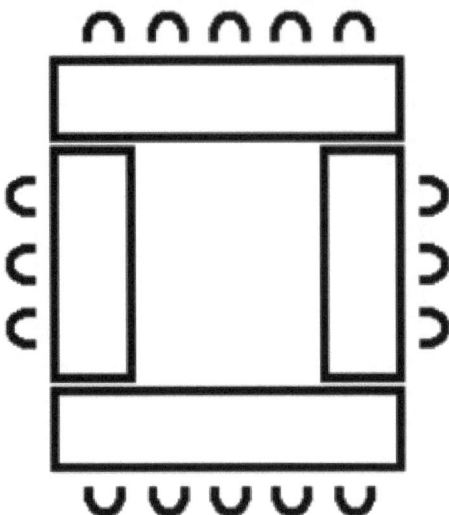

Zusammenfassung

„Hierarchie" und „persönliche Fähigkeiten der Führungskraft" stellen Schlüsselelemente im Prozess der interkulturellen Anpassung dar. „Leicht hierarchisch" und „starke persönliche Führungsfähigkeit" werden positiv bewertet. Aus bisherigen Kulturstudien mit deutschen Expatriates ist zu ersehen, dass der Begriff der Hierarchie seit der Antike eine wichtige und bedeutende Rolle in der Steuerung der Gesellschaftsordnung in China spielt: Die Chinesen verstehen den Begriff Hierarchie als Respekt und Ehrfurcht vor den Vorgesetzten oder Dienstälteren. In diesem Sinne herrscht in den Sino-German Joint Ventures keine starke hierarchische Struktur, sondern eher eine systematische Ordnung. Hierarchie bedeutet eine Verfestigung von Klassen, wobei die oberen und unteren Klassen unbeweglich und geschlossen bleiben.

Aber was die chinesische Geschichte betrifft, so war dies in China nicht immer der Fall. In der kulturellen Tradition der klassischen Gesellschaft besteht eine Konfrontation zwischen dem aristokratischen und dem zivilen Geist. Der aristokratische Geist ist die Grundwerteorientierung, die in den kulturellen Traditionen der aristokratischen Klasse verkörpert ist. Die Aristokratie besaß vererbte Machtansprüche und Territorien, strebte nicht nach einer Stellung und brauchte sich nicht um die Versorgung mit Nahrung oder Kleidung zu sorgen. Deshalb lebte sie im Geiste eines Utilitarismus, der Ehre hochachtet, nach Freiheit statt Gleichheit strebt und Selbstdisziplin statt Gesetz akzeptiert. Darüber hinaus bildeten sich aus dem wohlhabenden Lebensstil und der kulturellen Erziehung der aristokratischen Klasse elegante kulturelle Gewohnheiten und ein Verständnis von Transzendenz heraus.

China besaß auch eine aristokratische Gesellschaft und aristokratische kulturelle Traditionen. Die Mitglieder der Shang-Dynastie (16.–11. Jh. v. Chr.) und der Zhou-Dynastie (1046 v. Chr.–256 v. Chr.) waren Feudalherren, der Adel bildete die herrschende Klasse und prägte die aristokratische Kultur. Mit der Frühlings- und Herbstperiode und in der Zeit der Streitenden Reiche sank die Stellung der aristokratischen Klasse und sie verlor an materiellem Besitz. Nach der Qin-Dynastie verschwand die aristokratische Gesellschaft und wurde in eine Zivilgesellschaft umgewandelt. Während der Wei-, Jin-, Süd- und Nord-Dynastie bildeten sich jedoch neue Gruppen aus zivilen Gutsbesitzern heraus, die von der herrschenden Clique Anerkennung erhielten. Sie monopolisierten die Staatsmacht und genossen wirtschaftliche Privilegien und Macht. Diese Privilegien wurden von Generation zu Generation vererbt, so dass die Angehörigen dieser Gruppen zu Quasi-Adligen wurden. Nach der Sui- und Tang-Dynastie betrat die Klasse der zivilen Grundbesitzer die gesellschaftliche und politische Bühne und die Beamtenschaft starb langsam aus. In allen chinesischen Dynastien gab es jedoch die besonderen Adligen der königlichen Familie. Die aristokratische Gruppe der Mandschu und die aus Beamten bestehende Gruppe der Han regierten während der Qing-Dynastie und bildeten gemeinsam die aristokratische Klasse. Dies schuf die soziale Grundlage für die Existenz und Fortdauer der aristokratischen Kultur. In der Zivilgesellschaft starb die aristokratische Kultur jedoch nicht mit der aristokratischen Gesellschaft aus, sondern bestand fort, existierte parallel zur Zivilkultur und integrierte sich darin. Die Gesellschaft nach der Qin-Dynastie war weder eine adlige noch eine feudale Gesellschaft im ursprünglichen Sinne, sondern postfeudal. Der Begriff „Feudale Gesellschaft" bezieht sich auf die aristokratische Gesellschaft der Feudalherren, wie sie etwa in vormodernen Gesellschaften in Europa und der Shang- und Zhou-Gesellschaft in China zu finden war. Die Zhou-Kultur gehörte der aristokratischen Kultur an. Die aristokratische Kultur hatte während der Frühlings- und Herbstperiode immer noch eine beherrschende Stellung inne, sie begann sich jedoch in eine zivile Kultur zu verwandeln. Nach dem Zusammenbruch der Aristokratie wurde die feudale Gesellschaft von der Zivilkultur dominiert, aber es blieben Überreste der aristokratischen Kultur, wie die taoistische Kultur in „Chu Ci" (den „Gesängen aus Chu") und im „Traum der roten Kammer".

In Europa bezieht sich der Zivilgeist auf die ideologische Werteorientierung der städtischen Zivilklasse in der spätfeudalen Gesellschaft. Die zivile Klasse bildete Wertorientierungen wie Utilitarismus, Säkularität und Gleichheit heraus, also den Geist der Zivilbevölkerung. Die zivile Klasse lebte von der Arbeit und befand sich am Ende der feudalen Gesellschaft. Deshalb strebte sie nach Utilitarismus, forderte Gleichheit und schätzte die Rechtsstaatlichkeit; einfache und klare kulturelle Bräuche entstanden.

Der zivile Charakter der chinesischen Kultur spiegelt sich auch in ihrer Beziehung und Offenheit zur Volkskultur wider. Die chinesische Mainstream-Kultur ist nicht vollständig von der Volkskultur getrennt und sie bezog kontinuierlich gedankliche Nahrung aus der Volkskultur. Ein Beispiel: Obwohl das „Buch der Lieder" aus dem Volk stammt, hat es den orthodoxen Status der klassischen Kultur inne, was zeigt, dass die Mainstream-Kultur eine gewisse gemeinsame Identität zwischen der Kultur des Beamtentums und der Volkskultur darstellt. Daher spiegelt sich der zivile Charakter der chinesischen Kultur in ihrer Nichtunterscheidung zwischen gehobener und einfacher Kultur wider. Die aristokratische Kultur Europas ist jedoch von der Zivilkultur getrennt, die Unterscheidung zwischen großen und kleinen kulturellen Traditionen ist offensichtlich, wie beispielsweise die Tragödie in der Hofkunst. Ballett und Hofetikette ziehen niemals die Zivilbevölkerung in Mitleidenschaft, und der Adel wird Zivilkunst wie Volkskomödie und Folklore niemals akzeptieren.

Die Prä-Qin-Dynastie in China war eine aristokratische Feudalgesellschaft, während es sich bei der Gesellschaft nach der Qin-Dynastie um eine bürokratische Gesellschaft der Gutsbesitzer handelte. Nach dem Zerfall der chinesischen Aristokratie ging sie nicht in die kapitalistische, sondern in die postfeudale Gesellschaft über, deren Hauptbestandteil die Zivilbevölkerung bildete, die sich jedoch von der modernen Zivilbevölkerung in Europa unterschied. Der Gutsbesitzer genoss keine politischen und wirtschaftlichen Privilegien. Die Bürokraten stammten aus dem einfachen Volk. Nach Bestehen der verschiedenen Klassen der Beamtenprüfungen (vor der Sui- und Tang-Dynastie wurde man durch Beobachtung und Empfehlung ausgewählt) nahmen sie offizielle Positionen ein. In den „Gedichten der Wunderkinder" von Wang Soo aus der Yuan-Dynastie heißt es entsprechend: „Am Morgen arbeitete ich noch auf dem Feld und am Abend wurde ich Gerichtsminister." Die offizielle Position war jedoch nicht erblich. Wenn man das Rentenalter erreicht hatte, musste man als normaler Bürger in seine Heimatstadt zurückkehren. Die Mainstream-Kultur der Zivilgesellschaft war die Kultur der Beamtenschaft, aber auch der Zivilbevölkerung. Obwohl sich die Kultur der Beamtenschaft von der Volkskultur unterschied, waren sie nicht voneinander isoliert und gegensätzlich, sondern koexistierten harmonisch unter gegenseitiger Einflussnahme, im Gegensatz zur geschlossenen erblichen Tradition der europäischen Aristokratie.

Der Konfuzianismus ist eine populistische Ideologie, deren Ursprung in der aristokratischen Kultur lag. Er wurde jedoch von der konfuzianischen Schule in der Frühlings- und Herbstperiode zur kulturellen Ideologie der Zivilgesellschaft umgewandelt. Während der Frühlings- und Herbstperiode und der Zeit der Streitenden Reiche entwickelte sich die aristokratische Kultur unter Einflussnahme des Konfuzianismus einerseits in eine Zivilkultur, andererseits wurde sie durch die legalistische Kultur zerstört. Um die Bedürfnisse der Zivilgesellschaft zu befriedigen, verfolgte Kaiser Wu aus der Han-Dynastie die nationale Politik von Dong Zhongshu, „100 Schulen auflösen und nur den Konfuzianismus ehren".

Einige Gelehrte verglichen die chinesischen hierarchischen Konzepte von Konfuzius und Xunzi. Konfuzius betonte die Herrschaft des Wohlwollens und der Rituale, während Xunzi die Kombination von Ritualen und Gesetzen hervorhob, aber beide betrachteten Rituale als wichtige politische Maßnahmen. Tatsächlich bilden Rituale die Essenz. Es ist zu hoffen, dass sich die Menschen bewusst an die durch Rituale geteilte soziale Hierarchie halten, jeder in seiner eigenen hierarchischen Position stabil ist und seine Pflichten erfüllt. Die traditionelle chinesische Hierarchie wird durch die Regeln der Identität verkörpert, die durch die tiefen kulturellen Wurzeln eingeschränkt wird. Konkret sind hier die Denkrichtung und Verhaltenstendenzen gemeint, die die Menschen eines Landes über längere Zeit praktiziert haben und aus denen sich eine grobe institutionelle Kultur- und Bewusstseinsstruktur mit einem bestimmten Format formte. Die tiefergreifenden Regeln finden in stilisierter Form ständig in täglichen Aktivitäten Anwendung. Obwohl das Wechselspiel von Respekt und Minderwertigkeit das Verständnis der Menschen von Hierarchie und Identität im Kontext der chinesischen Kultur prägt, so handelt es sich dabei eigentlich um eine Gemeinsamkeit aller hierarchischer Gesellschaftssysteme. Die christliche „Himmelsordnung" wird auch verwendet, um das hierarchische System im Mittelalter in Europa zu erklären. Das hierarchische System der chinesischen Kultur ist flexibel, das heißt „Jeder kann ‚Yao und Shun'[1] sein". Dsi Hia sprach: „Der Beamte, der Zeit übrig hat, möge lernen. Der Lernende, der Zeit übrig hat, möge ein Amt antreten."[2] Identität und Rang beruhen in konfuzianischen Kulturkonzepten auf moralischer Kultivierung. Die obigen Schlussfolgerungen können die „Flexibilität" des hierarchischen Konzept der chinesischen Gesellschaft erklären, denn der Anführer muss individuelle Charaktereigenschaften aufweisen, die dem chinesischen Standard zur Messung von Rang und Status entsprechen. In der Reflexion und Anpassung der chinesischen Mitarbeiter wird die „Leistung" auch als Maßstab verwendet, um den Führungskräften Respekt zu erweisen und sie „vernünftig und fundiert" zu überzeugen, ihr Talent unter Beweis zu stellen.

Quelle: Yang Chunshi (杨春时) (2018). *Die Einführung in die chinesische Ästhetik*. Social Sciences Academic Press (CHINA). Vereinfacht und verändert nach Kapitel II: Kulturelle Grundlagen und gedankliche Quellen der chinesischen Ästhetik. S. 43.

Beispielanalyse

Johann Schneider, gerade von der deutschen Niederlassung eines großen chinesischen Unternehmens als Ausbildungsleiter nach Shanghai entsandt, berichtete eifrig seinem Chef, Herrn Dong, dem Vice President Human Resources, und übernahm eine dringende Aufgabe: den Technologietransfer. Teil davon ist die Gestaltung eines Ausbildungsprogramms für tausende von Chinesen, die ins Ausland geschickt werden. Dabei handelt es

---

1   Zwei heilige Monarchen aus der chinesischen Geschichte und Legende, Anführer eines alten Stammesbündnisses.
2   *Die Analekten des Konfuzius*, S. 280.

sich um eine neue Aufgabe, da die Mitarbeiter für die Arbeit in fremden Umgebungen geschult werden müssen. Herr Schneider begann sofort mit der Entwicklung eines Plans und teilte ihn dann seinen Kollegen und anderen im Unternehmen mit, um sich von ihnen beraten zu lassen. Kurz nach Beginn der Operation kam sein Vorgesetzter, Herr Dong, auf ihn zu und fragte ihn nach seinem Fortschritt. „Ich habe von anderen Leuten von Ihrem Plan gehört, aber ich selbst weiß nichts darüber", sagte Herr Dong, „Natürlich werde ich ihn mit den Betroffenen teilen, um ein paar Ideen zu testen." „Oh, das enttäuscht mich aber", sagte Herr Dong, „Sie sollten den Plan zuerst mir geben. Wie soll ich sonst die Qualität Ihrer Arbeit beurteilen?"

Kapitel 10
Regeln und Flexibilität

Chinesische Angestellte und Manager halten Flexibilität für ein essenzielles Mittel zur raschen Problemlösung. Anders als bei der deutschen Workflow-basierten Lösungsmethode, bei der zuerst bestimmt werden muss, welche Abteilungen zur Lösung des Problems herangezogen werden, müssen Chinesen „nicht jede Abteilung einbeziehen und zur Lösung des Problems verschiedene Anrufe tätigen. Obwohl es nicht dem Prozess entspricht, wird das Ergebnis nicht schriftlich festgehalten, aber das Problem konnte auch so gelöst werden, ohne dass sich weitreichende Folgen oder größere Schwierigkeiten ergaben."
Ein chinesischer Mitarbeiter nannte zwei Gründe für die Flexibilität der Chinesen: Zum einen die Auswirkungen des allgemeinen Umfelds, zum anderen die raschen Änderungen, denen China unterliegt. Der Befragte meinte zum Beispiel: „Die Umgebung hat einen besonders großen Einfluss auf menschliches Verhalten, zum Beispiel bei Personen, die in China über rote Ampeln fahren. Während ich gewartet habe, sind alle gegangen. Als ich auch ging, dachte ich, ich hätte warten sollen. In Deutschland würde niemand über Rot gehen, weil er sonst als seltsam gelten würde. Auch wenn chinesische Mitarbeiter in Deutschland sind, halten sie sich an diese Regeln und Vorschriften, es sei denn, sie wissen nicht davon." Deutsche Arbeitnehmer sehen einen Konflikt zwischen Regeln und Flexibilität.

Beispiel 1: Wie lange dauert der Transport

Es folgt eine Diskussion zwischen der Interviewerin und dem befragten chinesischen Dolmetscher in einem deutsch-chinesischen Joint Venture über das unterschiedliche Konzept von Zeit und Effizienz in der chinesisch-deutschen Wirtschaftskommunikation.

A=Die Forscherin als Interviewerin, B=Der befragte chinesische Dolmetscher als Interviewter

A: Die Deutschen haben festgestellt, dass das Konzept der Zeit ein großes Problem bei der Zusammenarbeit mit China darstellt. Wenn Sie beispielsweise auf ein Problem stoßen, müssen Sie es der nächsthöheren Führungsebene melden und dann darauf warten, dass die höhere Ebene der nächsthöheren Führungsebene Bericht erstattet, was als Bericht von Ebene zur Ebene bezeichnet wird. Was denken Sie darüber?

B: Das ist uns auch passiert. Wenn wir einen Einkauf tätigen, wie z.B. von Gegenständen oder Geräten, entwerfen wir nach Vorgaben des deutschen Managements auf jeden Fall einen klaren Plan darüber, wann die Ware ankommt, wann die Ausrüstung installiert wird und wann sie in Betrieb genommen wird. Als wir vor einem Monat an einem Projekt arbeiteten, jagte unser deutscher Manager meinen Kollegen hinterher: „Sie müssen es mir sagen, Sie müssen es mir sagen, wie ist der genaue Zeitplan?" Wir können es jedoch leider nicht sagen. Warum? Ich bin nicht in der Lage, die Zeit zu kontrollieren. Einkäufe müssen durch unsere Einkaufsabteilung, die internationale Einkaufsabteilung und die Logistikabteilung genehmigt werden. Im ganzen Prozess sind so viele Unterschriften erforderlich.

Analyse und Begründung

Es bestehen viele Unsicherheiten von innen und außen, daher können die chinesischen Kollegen keine klare Antwort geben. Als der deutsche Manager um eine Erklärung dafür bittet, sollte ihm der chinesische Dolmetscher erklären, dass dies nicht darauf zurückzuführen ist, dass die Mitarbeiter nicht hart arbeiten, sondern dass sie vielen Unsicherheiten ausgesetzt seien. Wenn die Ware zum Beispiel normalerweise im April ankommen soll, könnten die chinesischen Mitarbeiter frühestens für Juni eine Zusicherung geben. Beispielsweise dauert es mehr als vierzig Tage, um einen Container von Hamburg zum Hafen von Dalian zu verschiffen. Nach dem Versand Richtung Dalian ist eine Zollabfertigung erforderlich. Die Zeit für die Zollabfertigung liegt jenseits der Kontrolle der Mitarbeitenden. Nach der Zollabfertigung ist der Container von dort aus nach Changchun zu transportieren, worauf sie ebenfalls keinen Einfluss haben. Im ganzen Prozess gibt es viele offene Fragen, die nicht gelöst werden können. Es gibt keine Möglichkeit, einen genauen Termin vorherzusagen. Chinesische Mitarbeiter sind darauf bedacht, keine Zusagen zu geben, an die sie sich nicht halten können.

Um Konflikte zu vermeiden, erklären die chinesischen Mitarbeiter dem Vorgesetzten, dass sie keinen genauen Zeitplan liefern können. Dann nennen sie ein Zeitintervall mit größerem Sicherheitsfaktor. Das ganze Umfeld spielt eine wichtige Rolle. Die Angelegenheit kann nicht von einer einzelnen Abteilung allein gelöst werden.

Beispiel 2: Krankenversicherungen kaufen oder nicht

Am 2. März 2020 veröffentlichte die Dajia Insurance Group (大家保险集团) in Peking den „2020 Survey Report on China's Family Insurance Demand". Der Bericht zeigt, dass unter den Personen, die eine Versicherung abgeschlossen haben, die Familienmitglieder der Befragten 1,17 Versicherungspolicen pro Kopf und die durchschnittliche Familie 3,62 Versicherungspolicen besitzen.

Daher hängt die Frage, ob man eine Versicherung abschließt, von vielen Faktoren ab, wie nationalen Bedingungen, Gesellschaft, Recht, Wirtschaft und Kultur. Ein interviewter chinesischer Übersetzer erzählte uns von den Unterschieden zwischen China und Deutschland beim Abschluss von Versicherungen, bevor chinesische Mitarbeiter für eine technische Schulung nach Deutschland gingen:

„Chinesische Arbeitnehmer, die nach Deutschland entsandt werden, müssen eine Versicherung abschließen. Versicherungen sind in Deutschland ein ernstes Thema. Auch ein

kurzfristiges Arbeitsvisum von drei bis sechs Monaten erfordert eine Versicherung. Einige unserer Mitarbeiter haben keine Versicherung für den kurzfristigen Aufenthalt, denn sie halten dies für nicht unbedingt notwendig. Zwar schreibt die deutsche Seite vor, zwei bis drei verschiedene Versicherungen abzuschließen, aber wir schließen nur eine ab.

Der deutsche Manager beauftragte mich, ein Dokument bezüglich der Steuern zu übersetzen, um dieses Problem zu verdeutlichen. Ich habe jedes Wort genau übersetzt, was einen halben Monat dauerte. Ich war sehr erschöpft. Aber als wir mit dem übersetzten Artikel zum chinesischen Manager gingen, hat er ihn nicht einmal angesehen. Ich glaube, diese Arbeit war vergebens. Der Grund war, dass er Sorgen hatte, dass es den chinesischen Mitarbeitern nicht gefallen könnte. Dabei ging es um steuerliche Fragen. Chinesische Arbeitnehmer müssen sowohl ihr inländisches als auch ihr deutsches Einkommen versteuern. Deutsche Steuerzahler müssen sich für die Bearbeitung einen Dritten, also eine spezialisierte Anwaltskanzlei, suchen."

Analyse und Begründung

Die Geschichte über die Frage, ob Mitarbeiter alle Sorten von Versicherungen abschließen sollen oder nicht, ähnelt dem Fall der „Geschäftsverhandlungen" aus Kapitel 7, wo es um die unterschiedlichen Arbeits- und Denkweisen in China und Deutschland geht. Es ist allgemein anerkannt, dass in den folgenden fünf Bereichen Unterschiede zwischen Ost und West bestehen:

- ganzheitliches Denken – analytisches Denken;
- dialektisches Denken – dualistisches Denken;
- induktives Denken – deduktives Denken;
- logisches Denken – intuitives Denken;
- figuratives Denken – abstraktes Denken.

In dieser Geschichte spiegelt die deutsche Denkweise, die eine Versicherung erfordert, den höheren Grad der Unsicherheitsvermeidung wider. In der Wahrnehmung des deutschen Arbeitnehmers sind Steuern und Versicherungen obligatorische Abzüge von seinem Arbeitseinkommen, und zwar sowohl aus rechtlichen Gründen als auch zu seinem eigenen Schutz. Chinesische Arbeitnehmer entscheiden sich jedoch für die geringste Anzahl Versicherungen, die den gesetzlichen Mindeststandards entsprechen, und sie orientieren sich an der Vorgehensweise anderer chinesischer Kollegen, die vorher für kurze Zeit nach Deutschland entsandt wurden, denn sie halten es für unwahrscheinlich, dass sie im Falle einer unvorhergesehenen Situation abgesichert sind. Infolgedessen ist das Rechts- und Versicherungswesen in China nicht so gut entwickelt wie in westlichen Gesellschaften.

Denken wir über die Geschichte der Geschäftsverhandlungen in Kapitel 7 nach: Obwohl die beiden Deutschen die Qualität ihres Produktes garantieren, trauen ihnen die Chinesen nicht. Dies liegt daran, dass China einen schwachen Unsicherheitsvermeidungsindex aufweist. In den Augen der Chinesen spielt die Garantie der Deutschen keine große Rolle. Sie fragen sich, wie die Deutschen garantieren können, dass ihre Ausrüstung immer zuverlässig genutzt werden kann. Sie sind sich nicht sicher, was als Nächstes passieren wird. Alles ist ungewiss. Solch eine Ungewissheit gilt auch für den Preis. Die Chinesen halten den Preis für flexibel und unsicher. Über den Preis zu verhandeln, ist bei Chinesen üblich. Aber die Deutschen haben keine solche Kultur. Ihr Beharren auf den Preis erscheint den Chinesen als Ausdruck von Unaufrichtigkeit. Daher ist dies auch der Grund für das Scheitern der Verhandlungen zwischen den beiden Parteien.

Beispiel 3: „Teetasse ohne Henkel"

Einmal lud Zhou Zhi, der Manager eines chinesischen Import- und Exportunternehmens für Seidenwaren, einen Kunden namens Martin in ein traditionelles chinesisches Teehaus ein. Martin war ein leidenschaftlicher chinesischer Kulturliebhaber, insbesondere schätzte er die taoistische Philosophie. Zhou Zhi stellte zuerst die chinesische Teekultur vor. Martin war fasziniert und bemerkte nicht, dass die Teetasse keinen Henkel hatte.

Nach der Vorstellung sagte Martin: „Nun, nachdem wir uns über die traditionelle chinesische Teekultur informiert haben, können wir den Geschmack probieren!" Dann streckte er seine Hand direkt nach der Teetasse aus. „Oh!", rief er. „Es ist so heiß! Warum hat die Teetasse keinen Henkel?"

Zhou Zhi erklärte: „Entschuldigung, ich habe vergessen, Ihnen zu sagen, wie man diese Teetasse benutzt. Sie sehen, sie besteht aus drei Teilen: einem Teedeckel, einer Teetasse und einem Teetablett. Im Allgemeinen trinken traditionsbewusste Chinesen aus solchen Teetassen anstatt aus einer mit Henkel."

Martin war umso verwirrter: Warum benutzt man keine Teetasse mit Henkel, wenn das Wasser noch heiß ist? Zhou Zhi lächelte und erzählte weiter: „Bitte beachten Sie das Tablett. Die Teetasse wird daraufgestellt. Auch wenn das Wasser heiß ist, können Sie das Tablett verwenden, um die Teetasse zu halten. Das ist sehr praktisch. Sie möchten sicher auch wissen, warum wir einen Deckel entworfen haben. Der Teedeckel soll den Duft des Tees bewahren."

Martin nickte, schaute auf die Teetasse und lächelte: „Ich denke, das Design dieser Teetasse hat eine tiefe Bedeutung in Ihrer Kultur. Der Teedeckel symbolisiert den Himmel, das Teetablett symbolisiert das Land und die Teetasse symbolisiert die Person, was der orthodoxen Naturphilosophie des chinesischen Volkes entspricht."

Zhou Zhi sagte: „Ja, mit dem Deckel und dem Tablett ist diese Teetasse nicht nur bequem und einfach zu bedienen, sondern auch perfekt und harmonisch." Martin sagte, dass er die kulturelle Konnotation der Teetasse zwar sehr schätze, aber trotzdem lieber eine Teetasse mit Henkel benutze, weil es bequemer sei.

Zhou Zhi lächelte und sagte: „Es hängt von der Situation ab." Er erklärte, dass es im Dunkeln unpraktisch werden kann, wenn der Henkel nicht in Richtung der Hand ausgerichtet ist, da man ihn dann erst ertasten muss. Ein solches Problem komme bei einer Tasse ohne Henkel nicht auf. Sie können sie jederzeit und überall verwenden, egal ob mit der linken oder rechten Hand. Nehmen Sie einfach die Teetasse in die Hand.

Als Martin das hörte, sagte er: „Verstehe ich das richtig? Chinesen mögen Designs, die Ihnen mehr Freiheit verleihen?" Zhou Zhi lächelte und sagte: „Ja, wir Chinesen mögen keine Regeln, auch nicht, wie man Teetassen benutzt. Die Teetasse repräsentiert gewissermaßen die Regeln in der Kultur."

Auszug aus Dou, Weilin (2007). *Intercultural Business Communication: Cases and Analyses*, S. 173–174.

Analyse und Begründung

Die obigen Beispiele beleuchten die kulturellen Unterschiede verschiedener Länder und die tiefen kulturellen Bedeutungen hinter diesen Unterschieden aus einer einzigartigen Perspektive.

Der Widerspruch in diesen Fällen konzentriert sich auf die Termine, die Krankenversicherungen und das Design der Teetasse. Keine genaue Zeitplanung, keine Rechnung mit dem Risiko, eine Teetasse ohne Henkel – all dies ist für Menschen aus der westlichen Welt unverständlich. Die Chinesen wollen mehr Spielraum für sich selbst und ein Intervall mit größerem Sicherheitsfaktor. Beim Beispiel mit der Teetasse wird deutlich, dass die Chinesen das Hinzufügen eines Henkels für eine Einschränkung halten, denn in diesem Fall müssen sie beim Aufheben zuerst nach dem Henkel suchen, was die Bequemlichkeit einschränkt.

Der Unterschied liegt in den Einzelheiten: Der kulturelle Einfluss umfasst alle Aspekte des Lebens und des Geschäfts, und alles ist ein Mikrokosmos der Kultur. Zuallererst verkörpert das vollständige Design der traditionellen chinesischen Teetasse die harmonische Schönheit der chinesischen Kultur und die Philosophie der Harmonie zwischen Mensch und Natur. Zweitens ist der Henkel aus kultureller Sicht nicht nur ein Werkzeug oder Bestandteil des Designs, sondern ein kulturelles Symbol. Der Henkel gehört in westlichen Kulturen zur Norm. Ohne ihn wäre es schwierig, die Teetasse zu verwenden. In den Augen der Chinesen wird der Henkel zu einem Hindernis, das sie daran hindert, die Teetasse frei und flexibel zu benutzen. Wir alle wissen, dass der Westen für Rechtsstaatlichkeit eintritt und alle Dinge festgelegten Regeln folgen, an die sich jeder hält. Jeder Verstoß gegen die Regeln wird nach bestimmten Verfahren gelöst und geahndet. Man sollte sich beispielsweise strikt an die Verkehrsregeln halten, auch wenn keine Verkehrspolizei vor Ihnen, keine Fahrzeuge anwesend und keine roten Ampeln vorhanden sind. Genauso wichtig ist die genaue Befolgung zeitlicher Vereinbarungen.

In China ist das Bewusstsein der Menschen für Regeln nicht so stark und die Prinzipien des Umgangs mit Dingen sind flexibler. Die Chinesen schätzen menschliche Gefühle und stellen den Menschen an die erste Stelle. Die Tradition war immer beziehungsorientiert, und die Beziehung zwischen Menschen ist wichtiger als die Einhaltung von Regeln. Aus dem Design der Teetasse geht hervor, dass Harmonie wichtiger ist als das Befolgen bestimmter Regeln. Dieser Unterschied spiegelt sich auch in vielen verwandten Aspekten wider. Nehmen Sie das Essen als Beispiel: Bei westlichem Essen besteht eine strenge Reihenfolge von Gerichten, Vorgaben zum Geschirr, zu Gerichten passendem Wein und anderen Aspekten, während die Regeln beim chinesischen Essen deutlich lockerer sind.

Zusammenfassung

Sowohl chinesische als auch deutsche befragte Angestellte sind der Meinung, dass „eine Kombination aus Regeln und Flexibilität" die beste Art miteinander zu arbeiten darstellt. Die chinesischen Mitarbeiter zeichnen sich durch ihre „Flexibilität" und die deutschen Mitarbeiter durch ihre „Prinzipientreue" aus. Beides hat seine Vor- und Nachteile.

Die Flexibilität in China hat ihre kulturellen Wurzeln in der chinesischen Philosophie, die sich auf die Trichotomie stützt. Im chinesischen Denken gab es schon immer eine gegenseitige Umwandlung von Yin und Yang. Die chinesische Kultur setzt bei der Anwendung von Regeln auf Flexibilität. In Kapitel 6 des Tao Te King von Lao Tse heißt es: „谷神不死，是谓玄牝。玄牝之门，是谓天地之根。绵绵呵！其若存！用之不堇。" Die Übersetzung von Richard Wilhelm lautet: „Der Geist des Tals stirbt nicht, das heißt das dunkle Weib. Das Tor des dunklen Weibs, das heißt die Wurzel von Himmel und Erde. Ununterbrochen wie beharrend wirkt es ohne Mühe." Hier bezieht sich der Begriff Tal (谷神) auf den Gott der Fruchtbarkeit, nämlich das unsterbliche „Nichtsein" und „Sein". Der Himmel und der Mensch entsprechen einander und ergänzen sich gegenseitig. Der Begriff „Tao Te" sollte als die Quelle und der Ausdruck des Tao verstanden werden. Das *Tao Te King* handelt im Wesentlichen davon, wie man den Gesetzen der Natur folgt. Die chinesische Philosophie des Laozi betont von Anfang an, dass „Nichtsein" und „Sein" die Wurzel aller Dinge im Himmel und auf der Erde sind, immer im Nichtsein, um den Ursprung des Seins zu verstehen, und ihre Namen, das eine heißt Nichts und das andere heißt Etwas, haben denselben Ursprung, aber unterschiedliche Namen. Und wenn wir noch weitergehen, ist das Subtile und Tiefgründige die Wurzel aller Wahrheit und aller Veränderung.

Beispielanalyse

Herr Kang ist ein Vertreter der chinesischen Vertriebsgesellschaft A und verhandelt mit Herrn Klein, dem Vice President of Sales des deutschen Unternehmens B. Für die letzten drei Jahre hat B einen Servicevertrag mit A unterzeichnet. Jetzt will B auf globaler Ebene einige Änderungen vornehmen, darunter die Senkung der Servicegebühren, während A B dabei geholfen hat, Geschäfte in China zu etablieren, und den Vertrag nicht ändern will. Die Verhandlungen laufen seit einiger Zeit, aber es gibt keine Beschlüsse.

Am Ende von Herrn Kleins drittem Verhandlungsbesuch in China sagt Herr Kang zu Herrn Klein: „Wir sind bereit, den Vertrag mit Ihrem Unternehmen zu kündigen, es sei denn, Sie verlängern Ihren Vertrag rechtzeitig." „Warum das?", fragt Herr Klein. „Ist dieser Vertrag nicht wichtig für unsere beiden Unternehmen?" „In der Tat", antwortet Herr Kang. „Die durch die Verzögerung der Verlängerung verursachte Unsicherheit ist jedoch nicht gut für unseren Betrieb und hindert uns daran, nach anderen Möglichkeiten zu suchen. Wir möchten den Vertrag mit Ihnen verlängern, aber er muss so schnell wie möglich abgeschlossen werden, damit wir unsere normale Geschäftstätigkeit wiederaufnehmen können." Herr Klein ist damit nicht einverstanden. Schließlich wurde das Problem noch gar nicht genauer analysiert. Die Lösung wirkte auch mehr dahingesagt als genau durchdacht und begründet.

ibidem.eu